国别商务英语教育探索

朱文忠　蔡思颖　李旭妍◎编著

Country-specific Business English Education Research

经济管理出版社

ECONOMY & MANAGEMENT PUBLISHING HOUSE

图书在版编目（CIP）数据

国别商务英语教育探索/朱文忠，蔡思颖，李旭妍编著．—北京：经济管理出版社，2020.2

ISBN 978-7-5096-7025-5

Ⅰ.①国…　Ⅱ.①朱…②蔡…③李…　Ⅲ.①商务—英语—教育研究—文集

Ⅳ.①F7-53

中国版本图书馆 CIP 数据核字（2020）第 022082 号

组稿编辑：张　艳
责任编辑：赵亚荣
责任印制：黄章平
责任校对：张晓燕

出版发行：经济管理出版社
　　　　　（北京市海淀区北蜂窝 8 号中雅大厦 A 座 11 层　100038）
网　　址：www.E-mp.com.cn
电　　话：(010) 51915602
印　　刷：三河市延风印装有限公司
经　　销：新华书店
开　　本：720mm×1000mm/16
印　　张：11.5
字　　数：160 千字
版　　次：2020 年 6 月第 1 版　　2020 年 6 月第 1 次印刷
书　　号：ISBN 978-7-5096-7025-5
定　　价：68.00 元

前　言

　　在中国"一带一路"倡议的大背景下，越来越多的中国企业前往沿线国家经商或投资，从而实现企业"走出去"全球化发展战略。商务英语作为一种世界上通用的经商语言，直接影响着国际商务谈判和经营管理的成败。商务英语教育的发展，不仅事关满足"一带一路"迫切需求的"外语+专业"复合型高端国际商务人才的培养，而且也将对中国与"一带一路"沿线国家的经济合作与交流产生重大影响。积极探索"一带一路"沿线国家的国别商务英语教育发展现状，掌握沿线各国复合型高端国际商务人才培养的优势和劣势，对强化国家间国际商务人才教育合作与交流，推进国家"一带一路"倡议的顺利实施，将会产生非常重要的促进作用。

　　呼应新时代发展需要，《国别商务英语教育探索》力求开创我国商务英语教育研究的崭新领域和视角，着力丰富相关学术研究。作为国别商务英语教育研究系列的开篇之作，本书收录了17篇关于国别商务英语教育发展概况的文章，内容涉及东亚的日本和韩国，东南亚的马来西亚、新加坡、泰国、文莱和菲律宾，中东的伊朗、土耳其和约旦，中亚的哈萨克斯坦，欧洲的罗马尼亚、荷兰、意大利、波兰和埃及，以及拉丁美洲的智利。编写团队还计划根据情况，今后连续编写并出版系列《国别商务英语教育探索》新书，更好地满足广大读者的需要。

　　本书的编写基本遵循如下结构，即导论、国别教育发展概况、国别商务英语教育发展、国别商务英语教育政策、国别商务英语教育项目、国别商务英语教育发展趋势、结语等。总体上，本书旨在专门介绍国别商务英语教育发展概况，目的是为广大读者提供一本专业性强、时代性强、实用性强的国别商务英语教育读物，同时推动新时代我国商务英语教育研究事业向前发展。

本书的编写得到了一批青年商务英语学者的大力支持，各章基本内容的执笔人分别是：第一章潘杰婧（广东外语外贸大学商务英语在读博士），第二章李旭妍（广东外语外贸大学商务英语在读博士），第三章陈绮雯（广东外语外贸大学商务英语访问学者），第四章蔡思颖（广东外语外贸大学商务英语在读博士），第五章雷云（广东外语外贸大学商务英语访问学者），第六章陈晶晶（广东外语外贸大学商务英语访问学者），第七章李娟（广东外语外贸大学商务英语访问学者），第八章沙家（广东外语外贸大学商务英语在读博士），第九章陈秋红（广东外语外贸大学商务英语访问学者），第十章尚亚博（广东外语外贸大学商务英语在读博士），第十一章汪坤（广东外语外贸大学商务英语在读硕士），第十二章车思琪（广东外语外贸大学商务英语在读博士），第十三章吴扬宇（广东外语外贸大学商务英语在读硕士），第十四章余桂婷（广东外语外贸大学商务英语访问学者），第十五章Jacob（广东外语外贸大学商务英语在读博士），第十六章张梦琦（广东外语外贸大学商务英语在读硕士），第十七章鲁雪梅（广东外语外贸大学商务英语在读硕士）。本书的审定和修改完善主要由第一主编完成。同时，非常重要的是，本书的顺利出版还得到广东外语外贸大学商学院及广东外语外贸大学发展规划处高水平大学建设经费的大力支持。在此一并向所有为本书的出版付出心血和无私帮助的领导、学者和编者表示最诚挚的感谢！

当然，本书编者团队深知，由于个人能力和获取资源的局限性，本书的编写一定存在这样或那样的不足之处，恳请广大读者批评指正。

编者

于广东外语外贸大学

2019 年 6 月

目　录

第一章　日本商务英语教育发展

一、导论

1868 年明治政府成立后，日本积极学习西方先进的科学技术和文化制度，教育投入占国民经济的比重始终居于世界前列。日本对教育的重视程度及由此带来的高度发达的教育水平受到全球瞩目。德育、食育、感恩教育、危机教育等彰显了日本教育的民族特色，而国际化也日益成为其现代教育的关键词，关于日本英语教育发展及政策变革的探讨也屡见不鲜。

近年来，在政府"一带一路"倡议的推动下，我国商务英语专业和学科建设显示出强大的生命力，商务英语教育蓬勃发展。日本作为我国的邻国，在文化、教育上与我国具有很多相似性，是亚洲商务英语教育发展的另一主要阵地。基于这一背景，考察日本商务英语教育的发展概况，基于国别研究为双方提供借鉴、思考，进而促进商务英语教育发展的地区合作，显得十分必要。

二、日本教育发展概况

　　明治维新是日本古代教育与以三次教育改革为主线的近现代教育的分水岭。此前的漫长时期，以汉字、儒学、佛教为核心的中国文化经朝鲜半岛传入日本。汉字的传入推动了幕府时期教育的普及和发展，朱子学的讲授奠定了封建社会的伦理基础和教育秩序，而寺院曾一度成为日本古代教学活动的中心，形成了独具特色的僧侣教育。中国文化为这一时期的日本教育留下了浓墨重彩的一笔。

　　日本第一次教育改革始于明治维新，确立文部省（相当于今教育部）为全国最高教育行政机关，颁布的《学制令》建立了近代学制，加速了日本的近代化进程。但资产阶级改革的不彻底造就了这一时期日本教育的"双重性格"，教育逐渐沦为政府对内驯化民心、维护专制统治，对外侵略扩张的工具，笼罩上浓重的军国主义色彩。尤其是1890年颁布的《教育敕语》，巩固了封建军国主义对教育的绝对统治，严重阻碍了日本教育近代化的步伐。"二战"结束后，美军对日实施占领，日本掀起了一场资产阶级民主主义教育改革运动，即第二次教育改革。第二次教育改革推翻了日本教育近代化的拦路虎——《教育敕语》，建立起以《教育基本法》为核心的近代教育法律法规体系，瓦解了封建军国主义教育体制，最终实现了日本教育近代化的目标。然而，改革后期随着美苏冷战局面的加剧，在美国扶日政策的背景下，封建残余势力有所抬头，频频为《教育敕语》正名，企图复活军国主义教育。第三次教育改革以1971年6月中央教育审议会公布的《关于今后学校教育的综合扩充、整顿的基本措施》咨询报告为标志，持续至今。随着战后重建与经济恢复的完成，日本经济飞速发展，一跃成为仅次于美国的第二大资本主义经济强国。面对经济全球化、社会信息化、产业结构多样化和人口老龄化等社会问题的冲击，国际化、信息化、个性化、终身化成为这一时期教育改革的关键词。

据文部省公布的数据，截至 2015 年，日本全国共有各级各类学校 5.6419 万所，比上年增加 323 所；全国各级各类学历教育在校生 1900.5563 万人，比上年增加 1.11589 万人；全国各级各类学校专任教师 137.3077 万人，比上年增加 3.1435 万人；全国各级各类学校拥有校舍建筑面积总量达 34.2076 万平方千米，比上年增加 0.211 万平方千米。

需指出的是，当前教育改革在为日本教育注入强大生命力的同时，也带来了诸多问题。如教育体制过度强调平等、统一而忽视了学生的个性发展，升学竞争压力的加剧使学生迷惘并产生厌学情绪，校园欺凌、虐待等暴力事件，中学生自杀现象频发，极端国家主义教育的代言人始终暗流涌动等，都是日本教育界不容忽视的方面。

三、日本商务英语教育发展总论

英语学习服务机构 GlobalEnglish 2013 年公布的一项数据显示，在以 10 分为满分的商务英语指数中，日本得分仅为 4.29 分，虽较上年提升了将近 1 分，但仍处于商务英语的初级阶段。日本人也普遍承认商务英语实际水平特别是听说、交际能力与职业英语需求间的巨大差距。但其实日本的商务英语教育历史悠久，可追溯到明治维新初期。19 世纪中期，率先完成工业革命的英国成为世界贸易的中心。60 年代，日本打开国门。一方面，其国内资源贫乏，经济严重依赖进出口，对商务英语教育的需求与日俱增；另一方面，为了吸收海外先进的科学技术，加之国内自身资本主义经济的迅速发展，近代英语教育应运而生。日本近代英语教育发轫于 1875 年成立于东京的商法讲习所（今一桥大学前身）。商法讲习所的入学年龄为 13 岁，学制 5 年，前三年的英语学时分别为 6 小时、9 小时和 12 小时，最后两年全部科目由外籍教师用英语授课。商法讲习所以国际贸易实务、商业法律法规为主要讲授内容，以商务文书的阅读和写作作为主要手段，侧重于实用性。"二战"时期日本与英美的敌对关系加之鼓吹军国主义教育思想的《教育敕语》的颁布，使日本商务英语教育的发展一度停滞不前。"二战"以后，日本学界又围绕商务英语的定义等问题重新展开讨论，提出商务英语应该有独立于商业学和英语学以外的自身的研究领域。商务英语的地位逐渐以"商务英语学"的提法确定下来，出现了从实用型教学逐渐转向学术探讨的趋势。

当今商务英语教育在日本的具体发展状况如何？通过检索日本各主要商科类和外语类高校的网站发现，商务英语教学在日本高校的定位主要呈现出以下四种趋势：

第一，作为商学院（或经济学院）各专业学生所修的一个科目（一门课程），这也是各高校中最常见的一种趋势。如顶尖私立大学明治大学，商务英语是其商学院的全球商务专业和创新商务专业设置的一门选修课。同志社大学商学部的经济学、商业学、国际经济学、经营学和会计学五个专业共通的"专门外国语科目"中也包含商务英语课程。

第二，作为文学院英语专业高年级的选修课程。如同志社大学文学院英语专业针对三年级以上学生的个人兴趣和能力设计的选修课组合中，商务英语是同在线口语、新闻报道和 BBC 英语并列设置的一个选项。

第三，作为英语学院的一个专业方向。如神户市外国语大学英美学科（英语学院）下的法经商方向是与语言文学方向、综合文化方向和国际交流方向并列的方向之一（见图 1-1）。学校提出"英美学科、俄罗斯学科、中国学科、西班牙学科的学生须掌握深厚的专业外语知识和娴熟的外语应用能力，同时还须以开阔的视野，学习该语言使用地的文化、社会、法律及经济等方面的知识"，充分体现了商务英语的"英性"，但遗憾的是，研究生院中没有出现与商务英语相关的教育定位，把商务英语作为专业方向的高校目前在日本尚不多见。

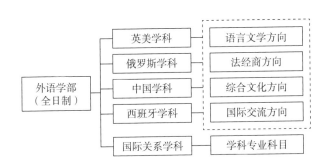

图 1-1　神户市外国语大学学院设置

第四，作为不直接和商务知识挂钩的一般英语课程。如在同志社大学的经济学院，英语作为各专业的"全学共通教养科目"，要求学生"为加深对形形色色的经济问题的理解，需选择英语或英语以外的一门外语学习"。这种情况下，英语仅作为一种通识性的教育，而不具备商务英语课程、方向、专业或学科的独立性。

课程设置方面，一般来讲，日本各主要商科类和外语类高校的商务英语课程基本涵盖了商务语境下的听、说、读、写训练，注重在商务场合的实践中培养学生的综合商务英语能力，但仍以传统的语法、词汇学习为主要教学手段，并呈现出明显的应试倾向。以关西大学商学院本科生的英语课程设置为例，商务英语教学以"获得具有战略性和及时应对能力的商务英语能力"为目标，贯穿了整个四年的教学阶段。其中，前两年商务英语专业课与一般英语课程并举，注重培养学生在商务场合的听说、演示及写作能力。但不难看出，无论是平时训练还是对学生商务英语能力的考核方式，都过于强调语法、词汇的重要性，且以提高托业分数作为每一学年设定的教学目标（见图 1-2）。

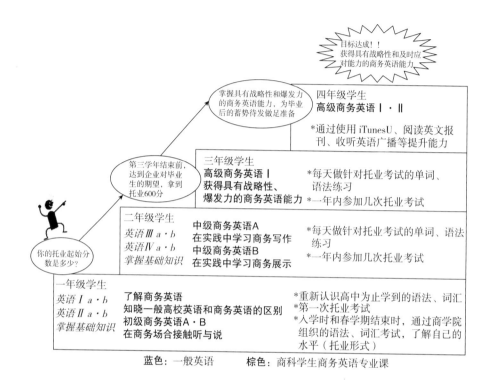

蓝色：一般英语　　　棕色：商科学生商务英语专业课

图1-2　关西大学商科学生英语课程设置

资料来源：译自关西大学商学院冈本真由美教授提供的资料。

四、日本商务英语教育政策概况

长期以来，日本人的英语水平总给人一种"不敢恭维"的印象：语音不标准，会话能力差，羞于甚至尽量避免用英语交际的场合。21世纪以来，针对日本普遍的"哑巴英语""应试英语"现象，文部省采取了一系列政策，旨在使日本人的英语能力适应经济、社会发展的新要求。例如，2000 年 1 月成立了"推进英语教学改革恳谈会"，来自社会各界的与会者通过前后八次会议讨论了英语教改方面的诸多问题；2003 年，一项名为"Immersion Program"的英语教学计划决议从当年 7 月起，投资 1.8 亿日元用于英语教师的培训等。

这些政策中直接关乎日本商务英语教育发展的当属 2002 年 7 月公布的《培养"能使用英语的日本人"的战略构想》和次年 3 月公布的《培养"能使用英语的日本人"的行动计划》。这两个文件作为"日本 21 世纪英语教育改革的纲领性文件和对英语教育发展的总体构想和部署"，提出"高校毕业后能在职场使用的英语"、"专门领域必要的英语能力"和"国际社会活动者的能力"等概念，明确把培养学习者广义上的商务英语能力作为日本英语教育的最终目标。同时，文件指出，为实现这一目标，"各高校要根据培养能在职场使用英语的人才的需求，设定各自的教学目标"①，在商务英语教学的开展上给予高校充分的自主权，确保日本商务英语教育发展既获得国家政策支持，又具备多元化的空间。

除文件性的政策导向外，日本学术团体也为商务英语教育的发展提供了强大的支撑，其中国际商务交际协会（JBCA）历史最为悠久。日本国际商务交际协会的前身——外贸英语教师协会成立于 1934 年，成员主要是在全日本的旧制大学和职业学校教授外贸英语的老师。为迎合贸易发展对具有较强商务交际能力人才的需求，协会次年更名为"商务英语学会"，以扩大研究领域。1950 年，再度更名为"日本商务英语协会"，恢复因"二战"搁浅的活动，并加入日本经济协会联盟。2002 年，协会改名为现在的"国际商务交际协会"，每年召开一次全国大会，定期发行刊载商务英语教育相关研究成果的《国际商务交际协会研究年报》，以及旨在促进会员交流的《国际商务交际协会会报》，设关东、关西、九州和山口四个支部，每年定期召开两次以上支部研究发表

---

① 译自文部科学省 2003 年颁布的「英語が使える日本人の育成のための行動計画」。

会。此外，该协会与美国的学术研究团体商务交际协会（ABC）维持着良好的学术联系，每年双方互邀会员出席国际学术会议，就商务英语教育研究发表特别演讲。日本国际商务交际协会为商务英语教育的发展搭建了学术会议和刊物平台。

五、日本商务英语教育项目概况

随着经济全球化的深入推进，在当前文部省改革政策的指引下，日本教育十分注重对学生国际化能力的培养，各所公私立大学纷纷推出旨在提升学生商务英语交际能力的项目。如国立大学一桥大学商学院自2012年起，在现行英语课程讲义的基础上实施了针对一年级学生的商务英语特色项目 PACE（Practical Applications for Communicative English），现已推广至全院各个年级。以二年级以上的学生为对象，设置了EDGE（English Discourse for Global Elites）项目，通过外教的实践型讲义，提高日本人普遍短板的商务口语交际技能。2013 年又推出了涩泽学者项目，对商学院的专业课及研讨会实施全英教学，培养 21 世纪的全球商务领袖。

私立大学关西大学商学院推出了独具特色的教育项目组合，涵盖了KUBIC（Kansai University Business Plan Competition）、CORES（Core Skills Program）、BLSP（Business Leader Special Program）、BestA（Business English Study Abroad）四个子项目。其中，BLSP 项目以强化学生的项目执行能力、英语语汇及辩论能力为目标，囊括国际最高水平非日籍教授的英语专业课、海外研究工作坊和校企联合项目等形式。学生以小型班级为单位，通过全职教师的项目研究和商务英语课程，最终获得与托业 800 分等值的英语语言能力及在实际商务场合开展项目的能力。BestA 是由英国约克圣约翰大学专门针对关西大学商学院发起的商务英语项目。学生在英国家庭寄宿一个月，期间参加学校课程、在当地企业实习、参观其他企业、开展旅行计划、组织文化交流等。全部活动均以英语为媒介，为学生提供了实际的英语商务环境。BLSP 和 BestA 项目拓展了企业—政府—学界—海外的多种合作模式，同时提升了学生的项目执行能力和英语语言能力，较好地体现了培养日本未来的全球商务领袖对商务英语教育的复合性要求（见图 1-3）。

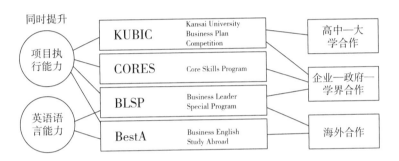

图 1-3 关西大学商学院教育项目组合

六、日本商务英语教育发展趋势

根据日本学者中邑光男 2003 年的统计数据，当时日本关于商务英语教育理论与教学方法的研究寥寥无几。作为日本商务英语教育者信息交流平台的商务英语协会，其 1996～2000 年发表在会刊上的研究成果中，商务英语教学法及研究方法方面仅占 9%，是所有研究动向中比例最低的。相比之下，美国商务交际协会会刊发表的约 190 篇论文中，探讨交际教学法的就有 59 篇之多。此外，他还预测，随着"日本商务英语协会"更名为"国际商务交际协会"，协会的性质已发生变化，此后商务英语教育研究的势头将更不容乐观。

事实的确如此吗？通过统计 2001～2017 年日本国际商务交际协会全国大会上宣读的关于商务英语教学的论文占总篇数的比例，并未发现中邑光男预测的协会更名（2002 年）后关于商务英语教育的研究更少的情况。虽然没有明显的线性趋势，但近几年商务英语教学论文的比例还是较前些年有所上涨，至少是趋于稳定的（见图 1-4）。

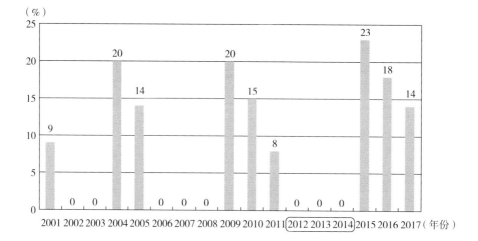

图 1-4　2001～2017 年 JBCA 全国大会上宣读的商务英语教学论文占比

注：2012～2014 年的数据缺失，并非当年占比为零。

表 1-1 显示了 2001 年以来商务英语教学论文的相关研究主题。前几年的主题比较单一，集中在对某种教学法或具体商务英语课程的教学方法的探讨，偶尔触及教材开发与相关性研究等。2010 年开始，研究视角逐渐丰富起来，如课程设置、教学语法等，出现了较系统的回顾性研究、课题的综述性研究、前瞻的挑战与前景研究和较深入地思考商务英语教育实质与内涵的研究。商务英语教学评估方法和学习者动机研究成为一个明显趋势，方法上也出现了横向对比的研究等。

表 1-1　2001~2017 年 JBCA 全国大会宣读商务英语教学论文的主题

年份	2001	2004	2005	2009	2010
主题	案例教学法	经济英语的教学方法；国际商务交际课程的演示教学	英语会计入门的教学方法；教材开发	商务谈判教学；英文合同教学；英文演讲课题与动机的关系	商务英语视角下的 ESP 教学；体验型学习；学习者动机

年份	2011	2015	2016	2017
主题	商务英语教学综述	评估方法；商务英语教育的实质与内涵；学习者动机；商务交际教学的动向与课题；与海外评估方法的对比研究	课程设置；教学语法；商务英语教育的挑战与前景	角色扮演教学法；任务型教学法

七、结语

随着"二战"后日本国内民主教育改革的推进和对商务英语认识的不断深化，商务英语教育出现了从实用型教学逐渐转向学术探讨的趋势，但就其在高等教育中的定位来讲，目前日本各高校英语学院的专业设置仍以传统的语言学、英美文学和翻译为主，商务英语更多的还是作为一门课程在商学院或英语学院教授，尚未获得具有独立的理论体系与研究方法的学科地位。商务英语教学与研究主要集中在本科阶段，硕士、博士阶段鲜有涉足。

然而，日本英语教育改革的实用型转型从政策上把培养学习者广义上的商务英语能力作为其英语教育的终极目标，日本人在实际商务场合的英语应用能力与职场需求间的差距更是为商务英语教育的发展注入了强大后劲。虽然近年来日本商务英语教育研究的数量没有出现几何式增长，但研究视角更加创新，研究重点更加凸显，研究方法也更加丰富，总体朝着更加纵深的方向发展，令人期待。

参考文献

［1］薛进文.日本的教育与近代化［J］.南开学报（哲学社会科学版），2010（3）：1-10.

［2］梁忠义.论日本教育之演变［J］.外国教育研究，2001（1）：1-5.

［3］http：//www. mext. go. jp/en/publication/index. htm（文部科学省官网）.

［4］http：//goabroad. sohu. com/20130530/n377508112. shtml.

［5］木村一郎.General English から Business Englishへ：日本の商業英語教育の方向を探る［J］.国際経営フォーラム，1993（4）：51-74.

［6］宫景然，白亚东.日本英语教育的新举措及中日英语教育现状的对比［J］.长春理工大学学报，2005（3）：92-94.

［7］李雯雯，刘海涛.近年来日本英语教育的发展及政策变革［J］.外国语，2011（1）：84-89.

［8］中邑光男.「『英語が使える日本人』の育成のための行動計画」がビジネス英語教育に対して持つ意味［J］.関西大学商学論集，2003（3-4）：387-400.

第二章　韩国商务英语教育发展

一、导论

韩国位于东亚朝鲜半岛南部，总面积约 10 万平方公里（占朝鲜半岛面积的 45%），主体民族为朝鲜族，通用韩语，总人口约 5145 万人。韩国是一个较为发达的资本主义国家，是亚洲太平洋经济合作组织（APEC）、世界贸易组织（WTO）和东亚峰会的创始成员国，也是经合组织、二十国集团和联合国等重要国际组织成员。

语言方面，由于韩国快速发展的经济及国际贸易，英语已成为除了韩语之外在韩国最重要的语言。韩国在经济贸易方面不断跟随全球化的脚步，力争发展，想要在国际舞台上扮演更为重要的角色，而英语作为通用语，则成为了其在国际商业中角逐的必要工具。不论是国家还是个人层面，韩国都十分重视英语学习，这是因为在经济全球化及国际经济贸易不断发展的时代，韩国经济对国际经贸依赖程度非常大，因此英语作为一门世界通用语或者商务通用语，对韩国企业在国际社会的发展是十分重要的。因此，英语在韩国的重要性是同时被国家教育政策推动，以及被个人自身职业发展所决定的。例如，韩国企业的招聘十分重视应聘者的英语能力，很多企业在招聘时就要求所有应聘者必须在托业考试中获得 800 分以上，有的公司甚至在第一轮招聘环节就剔除掉托业成绩低于 900 分的应聘者。可见，对韩国学生而言，他们承载着巨大的英语学习的需求和压力。

鉴于英语，尤其是适用于商务活动中的商务英语在韩国的重要性，本章希望通过梳理韩国商务英语的起源、发展及总体情况，以求增进对商务英语在韩国的发展的了解，分析其发展趋势。

我们首先需了解，韩国并未将商务英语单独作为一门学科，在其高等教育中并无商务英语这一专业，开设商务英语这一门课程的大学也为数不多。但商务英语教育与英语教育是分不开的，是以英语教育为基础而进行的。对商务英语的其中一种理解，是将其看作专门用途英语，即 ESP（English for Specific Purposes），而另一种理解，则是英语授课的商务课程。对于"商务英语"这一概念，一般是在高等教育或职业教育中才提及的，中小学教育属于基础教育，鲜有涉及专门的商务知识或商务英语的课程。因此，我们将商务英语理解为是在高等教育或职业教育、成人教育中出现的，而商务英语教育是高等教育或职业教育中的一部分。且商务英语是在中国才作为一门独立的专业或学科出现的，在其他国家的高等教育中鲜有专门的商务英语专业。在中国开设本科生商务英语专业的高校中，这一专业的课程既包括了英语的语言文化学习，如英语的听说读写及英语国家文化等，也包括了全英授课的商管类课程，如经济学、管理学、营销学、国际金融、国家贸易实务等。所以我们可以将商务英语教育理解为商务知识和英语水平的同步提升与拓展。因此，本章主要围绕韩国的英语教育及全英授课的商务课程来进行梳理和总结。

二、韩国教育发展概况

韩国学制与中国基本相同，基础教育包括小学 6 年、初中 3 年、高中 3 年共 12 年；高等教育专科 2~3 年；本科一般 4 年，医科（含韩医、牙医）6 年；研究生教育分硕士和博士两个阶段：硕士一般为 2 年，博士一般为 3 年。其实行四级学位制：专门学士学位、学士学位、硕士学位、博士学位。专科毕业发毕业证书，同时授予专门学士学位；4 年制本科毕业后发毕业证书，同时授予学士学位；医科 6 年毕业后发毕业证书，也授予学士学位，但可以申请攻读博士学位。

韩国实行专科教育的机构称"专门大学"；实行本科教育的机构为"大学校"（一般为综合性大学）或者"大学"；实行研究生教育的机构为"大学院"，"大学院"多数设在大学校里，也有单独设立的"大学院"。被认可的专科大学有（韩语称"专门大学"，英语名称一般为 College）140 所，提供本科和本科以上教育的 4 年制大学 178 所，单独设立的只授予硕士、博士学位的大学院 23 所。韩国的"学院"（韩语称"学院"，英语名称一般使用 Institute 或 College）主要是由社会力量创办的非学历教育机构。

韩国的高等教育机构根据设立形式和经费来源渠道，分为国立、公立、私立三种，除个别公立学校可以由设立的地方政府自行批准外，都必须经教育科学技术部批准，国家认可的高等教育机构都必须接受教育科学技术部的监督和管理。韩国高等教育机构的授课语言通常使用韩语，也有少数课程的授课语言为英语。

除了学校课程外，韩国学校参加课外补习班的情况十分普遍。据人民网报道，一般家庭用在子女课外教育上的费用是家庭年收入的 5% 左右，其中英语私人教育费用在私人教育总费用中所占比例将近一半，2015 年韩国人英语私人教育费用总和超过 10 万亿韩元（约合 600 亿元人民币），人均费用居世界之最。

Jun-Kang Kim（2002）采访了韩国高中和大学英语学习者，其中绝大部分受访者认为他们感受到经济全球化的影响力，并相信英语对于他们完成学业和在之后获得成功是必要的。他总结道，这些学生并不仅将英语视为一项必不可少的工具，同时也觉得英语是一个让他们梦想成真的最终归宿。

三、韩国商务英语教育发展概论

　　商务英语作为英语学习下的一个具体分支，可视为 ESP 的一部分，其发展与英语教育的发展密不可分。因在韩国，商务英语并没有形成一个统一被认可的专门学科和专业，而更多是作为特殊用途英语的一部分，集中在职业培训里，因此本小节主要梳理英语教育在韩国的发展。

　　韩国的英语教育最早可追溯到李氏王朝时期（1392～1910 年），1882 年美国和朝鲜签订《朝美条约》，朝鲜从此向欧美开放国门。当时为了便于与英美等国开展外交和商贸关系，于 1883 年成立了公立的同文学馆以培养翻译人员，将韩语笔译或口译成英语。当时的英语教育特点归纳如下：①老师为英语母语者；②采取直接教学法；③教授英语的听说读写（Chang，2009）。此为第一所具有现代意义的英语语言学校，英语逐渐为国民所知。1887 年成立了以培养国家官员为教育目标的皇家英语语言学校，英语从而被上流社会所接纳，其地位随之上升（徐静，2015）。然而，受世界大战的影响，在被日本占领时期（1910～1945 年），日本在朝鲜半岛强行推广日语教育，英语教育逐渐没落。直至战争结束，美国接管韩国政府，韩国经济逐渐恢复，英语教育也重新受到重视与重建，其目的在于在教育领域里强力地"去日本化"及加强与美国的军事同盟关系（Chung and Choi，2016）。1945 年，美国政府宣布英语为韩国官方语言，使之成为 1945～1948 年里韩国最重要的外语。这三年时间，美国政府对英语的大力推广极大地促进了韩国英语教育的发展，1946 年 2 月，美军在朝鲜实行一系列措施，如指定教学大纲、编写教材等；同年 9 月颁布了国民学校的教学大纲；1947 年变更中学学制，制定课时表，并制定教学大纲。这一时期中学开设英语课程，其教学目标为：培养理解和应用英语的基础能力，拓宽对外国的见识（覃浩和何玲，2017）。且因英语流利者能够进入政府部门工作，获得更高的社会地位和认可，韩国民众对英语学习有着极大的热情和动力。20 世纪 50 年代，在韩国留学生中，大约 89% 会选择去美国接受高等教育，可见当时国民对于英语学习的重视程度。

20 世纪后半叶，韩国的国际化进程加快，韩国成功举办了亚运会及奥运会，使其国际影响力得以提升。在此阶段，韩国经济迅速发展，成为"亚洲四小龙"之一。而韩国经济发展让其对英语人才的需求不断增加，且国民希望赶着这个潮流通过学习英语来谋发展的动力日趋强大，促使韩国英语教育持续升温，且众多有条件之人选择到英美国家接受教育，形成了全民学习英语的热潮。在这期间，为了满足不断上升的英语人才的需求，韩国政府也积极地采取一系列措施来推动英语教育的发展。1993 年，韩国教育部将英语列为大学修学能力考试（College Scholastic Ability Test，CSAT）的主要考试科目之一，且分值不断增加。1995 年韩国成立的全球化特别委员会指出，韩国国民的外语能力至关重要，是决定韩国能否积极参与全球化的关键因素。1996 年，韩国教育部再次修订全国课程标准，特别突出培养学生的英语交际能力，并在 CSAT 英语考试中增加了口语测试，占其英语试卷中的 30.9%（徐静，2015）。韩国把提高国民英语水平与提高国家竞争力画上等号，通过一系列措施与行动来推动英语教育的发展，即国民英语水平尤其是听说水平的提高（牟宜武和崔吉林，2018）。韩国政府一直大力投入英语教育，并频繁地修改整个英语教育系统以提高学生的英语技能，可见英语学习在韩国所受到的重视程度之高。熟练地掌握英语对于所有想要进入韩国一流大学、毕业后成功找到一份好工作、提高社会地位、有良好职业发展的人来说可谓不可或缺的技能（Jaekeun，2014）。

四、韩国商务英语教育政策概况

鉴于韩国并无明确出台有关商务英语教育的政策，因此本小节主要介绍韩国英语教育政策概况。

1954 年，韩国政府首次建立了全国统一的课程标准，其中也包括了英语课程，并再次对中学英语课程目标进行陈述。这是韩国课程模式的雏形，历史上被称为第一次教育课程，英语教育的课程标准由此成形并逐渐完善。在 20 世纪后半叶，韩国经历了数次教育课程改革：第一，1961~1971 年是韩国历史上第二次教育课程期，其目标为：①学生具备日常会话中英语听和说的能力；②了解西方国家日常生活、风俗、习惯等，培养与西方国家相互交往、理解等能力。第二，1972~1982 年是第三次教育课程期，此次教育改革的目标为：①培养学生运用英语的基本技能，能够运用英语进行简单有效的表达，能够运用英语简单描述周围事物；②了解英语国家的生活理念、语言文化、政治经济等。第三，1981 年韩国文教部发布第四次教育课程，其中明确规定了小学英语课程目标为：培养学生正确的英语发音能力，养成良好的英语学习习惯，培养学生对英语学习的兴趣，为培养学生运用英语交流的能力打基础。第四，1982~1992 年韩国开始了第五次教育课程的改革，此次英语教育课程改革的目标为：培养学生理解和运用简单英语的能力，在吸收国外文化的同时积极弘扬本土文化。第五，20 世纪 90 年代，韩国政府开始第六次教育课程改革，改变传统的以教师为中心的教育理念，采取以学生为中心的模式，更加关注英语学习过程和语言运用能力。第六，21世纪初，韩国首次公布小学英语教育课程，进行第七次教育课程改革，其目标为：能够理解和使用日常基本英语会话以达到交际目的，在吸收国外文化的同时发扬本民族文化（覃浩和何玲，2017）。在小学阶段，自 1997 年的教育改革之后，在初中和高中阶段，英语都是主要学科之一，并且其重要程度也与日俱增。例如，韩国在 2014 年推出了 "2014年度高考体制改革方案"，根据此方案，英语在韩国高考中的比重有所增加。这次改革将以往每年一次的考试方式改为分两次进行，同时将考试科目缩减一半，由目前的八门缩减为语文、数学、英语和探求四门。这也意味着英语在高考中的重要性大大提高了。在高等教育层面，英语授课的课程占比不断上升。

五、韩国商务英语教育项目概况

韩国的商务英语教育项目主要集中在高校（包括公立和私立大学）及民办教育机构或培训机构。这两者的商务英语教育所面向的学生群体不同，其教学目标及途径也因对象的不同而有显著差异。

首先，在大学层面，虽未设置商务英语这一专业，设置商务英语课程的大学为数不多，但商学院内很多商管类课程均为全英授课，这也可视为商务英语的教学。以韩国大学为例，其商学院为本科生开设商务英语（Business English）课程，此课程为必修课程，所有学生都必须学习。该课程分为1级和2级两个级别。在新生入学时设置英语水平考试，可自主选择参加考试与否。若没有参加考试，或者考试成绩为入门者水平，则需要参加商务英语1级和2级课程；考试成绩为中等水平的则只需要学习2级课程；考试成绩为上等水平的则可申请免修这门课程。由此也可判断，韩国大学商学院里开设的商务英语课程主要目的是提高英语语言的应用水平，是为了提高学生的英语能力以便更好地进行商科课程的学习，其商务英语课程并不涉及商科知识。再看该学院的商科课程，大多数为全英教学，如管理学数学、中级会计、广告管理学、管理会计、市场营销学、投资学、创业及管理、全球化中的韩国商务及管理、商务社会统计学、营销学管理、消费者行为学、国际金融、会计原理、人力资源管理、财务管理、战略需求及收入管理、保险及风险管理、公司财务、商务谈判、公司管理、商务估值、领导力、质量管理、战略管理、财务管理、运营管理、管理学信息系统、组织行为学、国际商务等。韩国大学商学院中的硕士课程和MBA课程也有一系列全英教学的商科课程可供选择。

其次，民营培训中心也提供商务英语的教学，面向所有人群开放。例如，有专门针对特殊用途英语教学的课程（Course in English for Specific Purposes），此课程为中级水平的培训课程，旨在培养学生们在各自领域中的英语听说读写技能，可选择的话题包括有效的批评及赞美、电子邮件和备忘录写作、与同事协商、冲突管理、简历和信件写作、观点表达等。此课程专注于在工作情境中需要用到的技能和英语语言技巧，以帮助学员有更好的职场表现。另一个与商务英语相关的是企业英语（Corporate English）课程。该课程是 ESP 下的一个分支，主要针对商务和商业中所需的英语语言，帮助学员更好地应聘和商业实践，提升所需英语技巧，如沟通协商、社交、会议主持及发言、面试、下订单、客户服务等。通过此课程的学习，学员可以有效地进行商务介绍，并拥有相应的能力通过剑桥商务英语考试。

韩国实施的一系列举措包括：①1995 年实施"韩国英语教学项目"（English Program in South Korea，EPIK），每年从 7 个英语国家（美国、英国、澳大利亚、新西兰、爱尔兰、加拿大、南非）引进英语母语者到韩国城市的中小学从事英语教学，此举措在 1997 年金融危机时暂停，在 2003 年重新实施并且增加了外籍教师的引进数量，从 1995 年的 54 名增加到 2014 年的 1165 名。②2001 年韩国教育部颁布了英语课程使用英语教学（Teaching English through English）的政策（Garton，2014）。③2004 年，京畿道省长孙鹤丰在该省修建公办民营的英语村，其中第一座英语村为安山英语村，在获得成功后又建设了第二座英语村——坡州英语村，为全球最大的英语学习主题乐园。在京畿道省的带动下，英语村建设的热潮在韩国各地蔓延。英语村的核心理念为情景教学法，通过一系列情景区模拟真实的英语学习环境，让英语母语者作为"村民"分布在各情景区进行角色扮演，引导学员沉浸在全英语的环境中，使用英语进行听、说等学习活动（牟宜武和崔吉林，2018）。其主要课程为全英语教学、基于内容的学习课程，即英语不是学习目的，而是达到学习目的的手段。④2008 年，为了促进教育公平，减少城乡英语教学差异，韩国在 2008 年实施 "韩国教学和学习项目" （Teach and Learn in Korea，TaLK），每年从美国、英国、澳大利亚、新西兰、爱尔兰、加拿大、南非引进英语母语者以支教教师（TaLK Scholar）身份到韩国农村地区的小学进行英语教学。此外，韩国政府还尤其注重对外籍教师的职业培训，需要参加职前和职中培训，主要学习韩国英语教育体系、英语教材的使用、合作教学的实践、日常汉语口语（牟宜武和崔吉林，2018）。⑤ 韩国于 2009 年推出 "国家英语能力测试" （National English Ability Test），其中包括了对听、说技能的检测，其不仅旨在替代英语高考，还用于社会人员的求职，以减低托福等外来考试在韩国的影响（Ahn，2015）。该能力测试包括三个级别：三级针对 10 年级学生，检测中学英语课程内容及日常英语交际能力；二级针对 11 ~ 12 年级学生，检测中学英语课程内容及其听说水平是否达到大学全英授课的要求；一级针对大学生和社会成人考生，主要用于公务员考试和社会求职（Lee，2012）。

六、结语

英语在如今全球化的浪潮中作为商务通用语其重要性不言而喻。韩国也意识到了要让本土企业 "走出去"，参与国际竞争，英语是必不可少的语言媒介。因此，英语一直被韩国视为重中之重。韩国不断地进行英语教育的改革，试图为国家培养出更多精通英语的人才，帮助其商业经济的发展。韩国的商务英语教育重视英语在商务实践中的实际应用，因此以英语为授课语言的商务课程数量也在不断增多，预测未来其商务英语教育将不断完善，趋向成熟。

参考文献

［1］ Ahn, H. Assessing Proficiency in the National English Ability Test (NEAT) in South Korea ［J］. English Today, 2015 (31)：34-41.

［2］ Chang, B-M. Korea's English Education Policy Innovations to Lead the Nation into the Globalized World ［J］. Journal of Pan-Pacific Association of Applied Linguistics, 2009, 13 (1)：83-97.

［3］ Chung, J. & T. Choi. English Education Policies in South Korea：Planned and Enacted ［A］ //R. Kirkpatrick (ed.). English Language Policy in Asia ［M］. Switzerland：Springer International Publishing, 2016.

［4］ Garton, S. Unresolved Issues and New Challenges in Teaching English to Young Learners：The Case of South Korea ［J］. Current Issues in Language Planning, 2014 (15)：201-219.

［5］ Jaekeun, C. Understanding the Importance of English Education in South Korea and Exploring the Reasons Why South Korea Students Come to a University in the Midwest ［R］. University of Nebraska-Lincoln, MA Thesis, 2014.

［6］ Kim, Jung-Kang. Globalization and English Language Education in Korea：Socialization and Identity Construction of Korean Youth ［R］. Diss. New Mexico State U, 2002.

［7］ Lee, Y. The Status Quo of Korean Secondary English Education in the New Millenium ［J］. Journal of the Korea English Education Society, 2012 (11)：49-69.

［8］ 牟宜武, 崔吉林. 全球化时代背景下的韩国当代英语教育改革行动——以交际为导向 ［J］. 外语教学理论与实践, 2018 (1)：90-98.

［9］ 徐静. 韩国、日本英语教育的历史、现状与改革——基于

OECD 语言能力调查的分析［J］. 世界教育信息，2015，28（8）：11-16.

　　［10］覃浩，何玲. 韩国英语发展史研究［J］. 中国培训，2017（2）：253-254.

第三章　马来西亚商务英语教育发展

一、导论

马来西亚位于东南亚地区，是东盟成员国之一。马来西亚曾经是葡萄牙、荷兰、英国和日本的殖民地，而英国殖民统治的时间最长。从1896年马来联邦成立到1941年日本人占领马来亚，这一时期是英国殖民统治在马来亚达到鼎盛的时期（韩方明，2002）。殖民当局推行多种教育语言，其中最主要的教育语言包括英语、马来语、华语和泰米尔语。殖民当局最重视英语教育和马来语教育。因此，从英国殖民到马来西亚独立，马来西亚的国语和官方语言为马来语，而英语作为第二语言或通用语被广泛应用于各个行业。除了未受过正规教育的老年人外，马来西亚大部分人都能说马来语和英语。英国殖民统治后，马来西亚形成了一个多元化社会并实施二元制教育。在世纪之交，马来西亚又制定了国家长期发展规划——"马来西亚展望2020年"，计划在2020年将马来西亚发展成为一个发达的工业国家（Mahathir，1991）。商务英语作为一种专门用途英语，可以为教育与经济发展搭起一座桥梁。本章对马来西亚商务英语教育发展状况进行梳理，简述马来西亚商务英语发展的现状，并分析其未来的发展趋势。

二、马来西亚教育发展概况

根据 1996 年马来西亚政府颁布的教育法，国家教育体系包括学前教育、初等教育、中等教育、中等后教育、高等教育（钟海青，2012）。学前教育面向 4~6 岁的儿童；初等教育面向 6 岁以上的适龄儿童；中等教育包括初中和高中教育；中等后教育是指向高中毕业生提供的除了高等教育以外的教育。具体来说，马来西亚教育体制遵循 6—3—2 体制，即六年小学教育、三年初级中学教育和两年高级中学教育。这 11 年的基础教育免费提供给全体公民。中学后的教育走向精英路线，只有成绩优秀的学生才能进入大学（陈爱梅，2012）。中等后教育项目为期一年，学习结束的时候参加马来西亚高级中等学校证书考试，为大学入学考试做准备（东盟中心，2014）。

马来西亚的小学学校分为三种：以马来文为主的国民小学、以华文为主的国民小学、以泰米尔文为主的国民小学。而中学则分为两种，即国民中学 5 年制和以华文为教育体系的华文独立中学 6 年制（常永胜，2012）。

马来西亚的高等教育系统主要由公立和私立两部分组成。公立高校主要包括公立大学、公立学院和技术职业学院；私立高校包括私立大学、私立大学学院、私立学院和外国大学分校。公立大学、私立大学学院和部分公立学院具有颁发本校大专及大专以上文凭的资格。专科学制 2~3 年，本科学制 3 年，硕士学制 1~2 年，博士学制 2~6 年。马来西亚现有公立大学 20 所，包括研究型 5 所、专业型 11 所和复合型 4 所（程军和邱延峻，2017）。由于马来西亚公立高等教育机构的数量有限，无法满足社会的需求，马来西亚政府决定拓展办学模式，鼓励私人投资教育。马来西亚现有私立高校 482 所，包括大学 41 所、大学学院 28

所、学院 405 所及外国大学分校 8 所（程军，2017）。马来西亚私立院校主要提供三种课程：一是国内结业证书和学位证书；二是通过双联学位课程、学分转移课程、国外学位课程和远程学习课程，由地方或国外大学授予学位；三是通过传统和远程学习模式在地方和国外大学获取硕士学位和研究生课程（王喜娟和蒋珍莲，2012）。马来西亚私立院校与国外大学合作办学的专业设置涵盖工商管理、电子工程、艺术设计、多媒体制作、计算机应用、时装设计、商科、金融、会计、建筑和酒店管理等领域（范若兰，2017）。马来西亚主要的有代表性的高等教育学府包括马来亚大学（公立）、马来西亚国民大学（公立）、吉隆坡基建大学学院（私立院校）、诺丁汉大学马来西亚分校（国外高校在马来西亚分校）、马来西亚国际伊斯兰大学（宗教学校）等（马燕冰，2011）。

三、马来西亚商务英语教育发展总论

为了适应全球化经济的发展，马来西亚政府对高等教育进行了一系列的改革，包括把公立大学企业化和把高等教育私有化。改革之后，公立大学可以自主筹款，从事商业活动，建立校办企业。1998 年 1 月，马来亚大学首先开始实行企业化管理。同年 3 月，博特拉大学、国民大学、理科大学、理工大学也进行了同样的改革。由于公立大学开始从商，商务英语教学的地位就显得越发重要，许多公立学校都开设了经济、金融、电子商务、商科等专业，而许多公立高校的教学语言为英语，马来西亚人从小学一年级开始便接受英语教育，所以用英语学习商科的知识对当地人来说难度并不大。

实施高等教育私有化政策后，企业进入私立高等教育主要通过两种途径展开：上市公司收购早期的学院和企业创办属于自己的私立学院。百乐镇学院就是第一所由企业开办的私立高校。马来西亚私立高等教育的发展分为两个阶段：1996 年以前的第一发展阶段和 1996 年以后的第二发展阶段。第一阶段的特点为学分转移和双联课程。马来西亚私立高校与外国大学合作，提供外国学科学分转移课程。学生可以通过学分转移前往外国继续学业。双联课程实施"1+2"模式，也就是学生在本地修读一年课程，然后到外国修读两年课程。第二阶段中，双联课程从"1+2"模式演变为"2+1"模式。马来西亚的私立学院与商界有着密切的联系，这些学校更注重培养学生的实践能力，在专业设置上更注重与实际工作相关的专业，如经济、银行、金融、会计、人力资源等。而私立学院的教学媒介语主要为英语，实际上在学习过程中学生接触到的就是商务英语。

除了高等教育私有化外，马来西亚私立高等教育还呈现国际化的趋势。国际化进程可以分为两个阶段："请进来"和"走出去"。一开始，马来西亚政府鼓励私立高校与国外的高校合作，吸引外国大学来马来西亚设立分校，从中学习其教育理念、教学方法和管理方法。后来，在政府的支持下，私立高校开始到国外设立分校，进行教育输出（陈武元，2007）。马来西亚从本地学生派遣国慢慢过渡成为留学生接收国。无论是外国大学来到马来西亚建立分校，还是马来西亚的大学走出国门，到国外设立分校，在专业设置方面都倾向于实践性比较强的、与商业密切相关的，而面向留学生的教学语言则为英语，实际上留学生在商科课程上所接触到的也都属于商务英语的范畴。

四、马来西亚商务英语教育政策概况

2010 年 10 月，马来西亚教育部发布了《关于自 2011 年起在阶段一（一年级到三年级）实施新的〈初等学校标准课程〉的通知》。新课程在 20 世纪 90 年代末出台的《初等学校综合课程》的基础上进行了改进（东盟中心，2014）。《初等学校综合课程》由三个领域组成：沟通、人与环境、自我发展。第一领域确定的科目有马来语、英语、华语、泰米尔语和数学。马来西亚人从小学便开始学习英语，语言基础相当扎实。第二领域开设的课程包括伊斯兰宗教教育和道德教育。第三领域则强调生活技能，开设的课程包括手工艺、商业和创业精神及家庭生活等。也就是说，从小学开始，马来西亚教育就已经加入了商科的知识。根据1999年修订的《初等学校综合课程》，马来西亚初等教育周课程表显示：国民学校一年级到三年级的英语学习每周为240分钟，四年级到六年级为210分钟；生活技能课是四年级到六年级开设的课程，每周授课时间为60分钟。2010年改革后，新的《初等学校标准课程》制定的周课程表显示：英语教学在国民学校为300分钟，华语和泰米尔语为150分钟。在一年级到三年级增加了科学技术课，无论是国民学校、华语学校还是泰米尔语学校，每周授课时间均为60分钟。

马来西亚学生从小学升入初中后，初一到初三的英语学习每周为200分钟，综合生活技能课为160分钟。学生初中毕业后继续升读高级中等教育机构，包括学术类和技术类学校。技术类学校提供技术教育和职业教育。该阶段的教育为期两年。完成该阶段的学习后，学术类和技术类学生参加马来西亚教育证书考试，而职业类学生参加马来西亚教育证书（职业类）考试。此阶段的核心必修课程为英语、马来语、科学、数学、道德教育、伊斯兰宗教教育、历史。另外，学生必须选择职业和技术组中的一个科目。也就是说，马来西亚学生到了初中后继续英语和商科的学习，而且学习的时间比小学的要长。升读高中后，英语作为核心必修课，而商科的课程也必须作为选修课进行选修。中等技术学校提供的技术教育和职业教育都更专注于技能培训，强调实践性工作，培养学生的行业技能。学校授课时也是用英语来传授商科的知识，因此学生接触到的也是商务英语。

马来西亚的中学后教育也属中等教育范畴。高中毕业后，学生们将有以下几种选择：①继续深造，在本国上大学；②到外国求学；③通过本地学院读双联课程，考取外国大学文凭；④就业。对那些要继续深造，在本国考取大学的学生，还需要再读一年的高中后课程，即高中后教育，为考取大学做准备，即大学预备班。大学预备班分为文科、理科和工科三类，最后参加高等学校文凭考试（STPM），也就是本国政府大学录取的考试。大学预备班的必修课程有马来文、英文、数学、物理、化学、美术、科学、历史、地理、伊斯兰宗教教育或道德教育，选修课程有华文、泰米尔文、生活技能、企业、家庭生活教育等。

五、马来西亚商务英语教育项目概况

马来西亚的商务英语教育项目从小学就已经开始，初等教育和初级中等教育的商务英语教育项目属于入门级别的教学，马来西亚的初等教育和初级中等教育的课程设置是希望让学生初次接触到英语和商科的知识，属于浅层次的学习。到了高级中等教育阶段，尤其是技术学校提供的职业教育是对商务英语的深入学习。职业学校让学生为取得国家职业培训证书做好准备，除了为全日制学生提供职业教育和培训外，还提供继续教育的在职培训项目和非全日制的培训项目。马来西亚政府鼓励企业参与职业教育项目，鼓励企业推出以市场为导向的产业培训项目，提供更大力度的在职培训。目前，已有若干家企业协助教育部组织培训项目。

到了高等教育阶段，商务英语的教育项目更是百花齐放，从公立大学到私立大学，到华文院校，到宗教院校，到国外高校在马来西亚分校，到马来西亚高校在国外分校，商务英语项目从多个维度发展。首先，公立大学企业化后，实行企业化管理，开始与工业界和企业合作，学校所设置的专业和课程更接地气。其中，马来亚大学是马来西亚第一所综合性公立大学，是以培养研究生和博士生为主要任务的高等学府，主要系科和学位课程包括商业及会计系、计算机以及信息技术系、经济管理系、工程系、法学系、教育系等。马来西亚另外一所著名的公立大学——马来西亚国民大学设置的专业系科包括经济系、商科、MBA、MC 等。大部分的公立大学都设置了商科课程，而授课语言又多为英语。其次，自从实施私有化政策后，马来西亚私立大学的数量远远超过公立大学。其中最有名气的是多媒体大学，由马来西亚电讯公司独资拥有；吉隆坡基建大学学院是 Proasco 集团的产业。这两所私立学院都设有电子商务、工商管理这一类的商科课程。再者，以南方学院为代表的华文院校也相当重视商务英语的教学。商学系一直是南方学院最大的学系，该系主要的教学媒介语为英语和华语，这个系的学生在第三学年的必修科目中就有商用英文（曹淑瑶，2010）。宗教学校中的代表为马来西亚国际伊斯兰大学。该大学同国内外的一些协会建立了密切的联系，并与当地的商业界建立了密切的联系，把产学结合在一起，学生除了参加校园内的学习外，还把知识应用到实际工作中去获得丰富的实践经验（马燕冰等，2011）。马来西亚政府自 20 世纪 80 年代开始鼓励私立学院与外国大学挂钩，为学生提供学分转移和双联课程。1998 年马来西亚的双联课程已经趋向成熟，马来西亚教育部批准私立院校与海外大学的合作，允许海外大学在马来西亚开设完整的三年制课程，称为 "3+0" 课程。其中代表院校为诺丁汉大学马来西亚分校，是英国诺丁汉大学的直属分校，开设的专业包括商业管理、MBA、国际贸易管理等。发达国家的大学为马来西亚私立院校带来了优质的师资、教学理念和教学资源，尤其是商务和科技方面的知识，这些知识也是马来西亚经济发展所需要的。由于本国教育市场竞争激烈，马来西亚的一些中等规模的院校开始在海外设立分校，如英迪学院在 1993 年于北京设立了分校——北京英迪管理学校。无论是马来西亚院校的海外分校还是海外大学在马来西亚的分校都吸引了大批的留学生，留学生所偏好的课程主要有酒店管理、商业、会计、工商管理等（陈爱梅，2012），因此这些分校在课程设置方面也会相对偏向商科类的专业。

六、马来西亚商务英语教育发展趋势

2006 年 3 月，马来西亚高等教育部发布了一份包含 130 项建议的报告书——《迈向卓越》。报告中强调，公立大学必须与工业界、企业合作，以市场经济为导向，跟上社会变化。在马来西亚政府对私立高等教育的松绑、对高等教育私有化的政策导向下，马来西亚商务英语教育的发展呈现出以下特点：

（1）继续与国外的院校合作，开设更多以英语为授课语言的商科课程。

（2）与企业合作，产学结合。高等教育机构开设的系科和专业更能体现实践性、应用性，因此未来马来西亚的商务英语教育更加倾向于实用性。

（3）私立高等教育已经向大众化的方向发展。私立大学提供的课程多为市场化课程，如商业、计算机科学等。

（4）纵深发展。随着高校办学条件的成熟，可以考虑多层次办学，比如硕士课程，甚至博士学位课程。

（5）多元化发展。高校设置的商务英语课程面对的不仅是全日制的学生，还有非全日制的学生，会朝着继续教育这个方向发展。

（6）马来西亚曾经有很长时间在英国的殖民统治下，国民的英语水平比较高，因此在中等职业教育和高等教育中往往不会单独把商务英语列为一个专业或课程，而是会用英语来教授商科知识。

（7）由于马来西亚重视信息化教育，为了打破时间和空间的限制，在未来的发展中，远程教育和利用信息技术教学是一个大的趋势。

七、结语

马来西亚的商务英语教育从小学就已经开始，慢慢过渡到中等高等教育。中等技术学校与企业合作，为学生提供实践教学。商务英语知识从工作中学习，或应用到工作中去。在高等教育阶段，无论是公立学校还是私立学校，都非常注重与企业的融合。无论是"请进来"的国外高校，还是"走出去"的马来西亚高校，在专业设置方面都倾向于商业和科技。马来西亚政府在教育方面的导向很明显是市场导向为主。但是过分追求利益，让教育产业化和大众化，会导致教育没有特色，层次不高，未来在国际留学市场上很难与其他国家抗衡。而且马来西亚高等教育的私有化程度太高，公立高校的职能缺失，政府也难辞其咎。政府不能把教育完全推给社会，因为教育是一个国家发展的核心所在，政府有必要承担起对高等教育的责任。建议马来西亚政府从长远角度来考量高等教育未来的发展方向，做一个中长期计划，而不是只盯着眼前的利益。

参考文献

［1］Mahathir Mohamad. Malaysia：The Way Forward［R］. Working Paper Presented at the Inaugural Meeting of the Malaysian Business Council，Kuala Lumpur，28 February. Reprinted in New Straight Times，March 1991.

［2］常永胜. 马来西亚社会文化与投资环境［M］. 广州：世界图书出版广东有限公司，2012.

［3］曹淑瑶. 国家构建与民族认同：马来西亚华文大专院校之探讨［M］. 厦门：厦门大学出版社，2010.

［4］陈爱梅. 马来西亚私立高等教育［M］. 桂林：广西师范大学

出版社，2012.

　　［5］陈武元，薄云．马来西亚私立高等教育国际化论析［J］.外国教育研究，2007（2）：67-71.

　　［6］程军，邱延峻．智力丝绸之路："一带一路"沿线的大学合作［M］.成都：西南交通大学出版社，2017.

　　［7］东盟中心．东盟国家教育体制及现状［M］.北京：教育科学出版社，2014.

　　［8］范若兰．新海丝路上的马来西亚与中国［M］.北京：世界知识出版社，2017.

　　［9］韩方明．华人与马来西亚现代化进程［M］.北京：商务印书馆，2002.

　　［10］马燕冰，张学刚，骆永昆．马来西亚［M］.北京：社会科学文献出版社，2011.

　　［11］王喜娟，蒋珍莲．东盟高等教育研究概说［M］.桂林：广西师范大学出版社，2012.

　　［12］钟海青，王喜娟．马来西亚高等教育政策法规［M］.桂林：广西师范大学出版社，2012.

第四章　新加坡商务英语教育发展

一、导论

  新加坡地处东南亚，是"亚洲四小龙"之一，是一个多元文化的移民国家，也是一个高度国际化的城市国家。新加坡施行双语教育政策，以英语为共同语，采取"母语+英语"的双语教育模式。双语教育政策的提出有其政治、历史、经济原因，而该政策的施行也是新加坡经济腾飞的重要因素之一。英语作为新加坡的通用语及官方语言之一，对国家的政治稳定、经济发展都起到了决定性的作用。商务英语作为一种专门用途英语，是推动新加坡经济发展的重要因素之一。本章对新加坡商务英语教育发展概况进行梳理，简述新加坡商务英语的发展现状，并分析其发展趋势。

二、新加坡教育发展概况

  新加坡的教育吸收了东西方的文化精粹，与国际接轨，又自成一体。新加坡在各个教育阶段都为学生提供了灵活多样的教育选择，因材施教，以适应个体发展、终身学习为目标，使每个新加坡公民的天赋都得到最大限度的发展。新加坡教育的一大特色便是其双语政策，该政策要求学生学习英语和自己的母语。新加坡的教育体系大致分为初等教育（Primary Education）、中等教育（Secondary Education）和高等教育（Post-secondary Education）三个阶段。学生在结束六年的初等教育后，便进入中等教育阶段。中等教育主要有快捷教育（Express Course）、普通学术课程（Normal Academic Course）和普通技术课程（Normal Technical Course）三种核心课程；除此以外，职业学校、私立学校、特殊学校等也共同构成了新加坡的中等教育体系。在结束上述中等教育后，大部分的学生会选择初级学院（Junior Colleges）、高级中学（Centralized Institute）、理工学院（Polytechnics）、技术教育学院（Institute of Technical Education）、艺术学院（Arts Institution）继续升学或进入社会工作（Singapore Education Statistics Digest 2017）。初级学院和高级中学的学生在参加新加坡剑桥 A 水准考试（GCE A Level）后可申请就读大学。目前，新加坡有六所公立大学（Publicly-funded University）：新加坡国立大学（National University of Singapore）、南洋理工大学（Nanyang Technological University）、新加坡管理大学（Singapore Management University）、新加坡科技设计大学（Singapore University of Technology & Design）、新加坡理工大学（Singapore Institute of Technology）、新跃大学/新跃社科大学（SIM University / Singapore University of Social Sciences）（Year Book of Statistics Singapore 2017）。

三、新加坡商务英语教育发展总论

新加坡作为全球经济与金融中心，商务英语在对外经济贸易与本国经济发展中起到桥梁与促进作用，商务英语教育的发展也顺应经济发展的潮流。新加坡英语既是其与别国进行贸易、商务、科技交流的全球通用语，也是国内各种族间交流的本地语言；在新加坡这一多语种并存的大环境下，英语作为工作语言有其便利性与实用性，备受使用者推崇；新加坡作为全球银行与金融业中心，英语作为通用语所带来的经济效益不可忽视（Alsagoff，2010）。自建国以来，新加坡视教育发展为兴国的根本，发展商务英语教育，在英语作为商务通用语的背景下，成为发展经济和促进社会和谐的推动力。

新加坡商务英语教育的发展符合其教育及经济发展所经历的重要阶段。新加坡独立后的教育发展史分为三个重要阶段：20世纪60～70年代的生存驱动阶段（Survival - driven）、70～80年代的效率驱动阶段（Efficiency - driven）及90年代至今的能力驱动阶段（Ability - driven）（Hargreaves and Shirley，2009）。自20世纪60年代双语教育政策实施以来，英语的普及率越来越高，英语识字率也逐年提高，优秀的英语语言水平是国际贸易中最有价值的能力（Low，2014）。新加坡商务英语的教学目标与重点紧跟教育与经济的发展的脚步：20世纪的主要教育任务是普及双语政策，降低英语文盲率，提升双语或三语人口中的英语识字率，满足通商需要；进入21世纪，商务沟通（Business Communication）成为新加坡商务英语的教学重点。对于大部分新加坡人来说，英语并不是他们的母语，但在教育及商务等领域，英语却占据着主导地位，大学及理工学院入学需进行英语考试，不达标的学生还需参加学校开设的英语培训项目。在大部分商务英语学习者语言水平已经过关的情况下，商务沟通课程的本质已超越了语言本身，未来的发展趋势应更注重沟通的效果，可仿效美国商务沟通课程中强调人际沟通、跨文化沟通等技能的培养（Goby，1999b）。

四、新加坡商务英语教育政策概况

新加坡的商务英语教育政策由双语教育政策引领，在不同时期的功能和定位有所不同，但配合经济发展，以务实为总方针。新加坡的双语教育政策具有独特的演变过程及特点，其双语教育政策发展的历程大致可以分为四个阶段：1965 年以前是独立建国前双语教育的启蒙与探索阶段，特殊的地理位置，长期的多元民族、多元语文和外向型经济发展模式，使新加坡较早进行了双语教育的尝试，客观上为建国以后实行双语教育政策打下了基础；1965~1986 年是生存与发展主题下双语教育政策的确立与实践阶段，在这 21 年里，围绕双语教育的一系列改革探索了双语教育模式，实现了教育源流的统一，新加坡在双语教育政策推动下不仅成功立足于世界，而且很快进入了快速发展时期；1987~2007 年是经济腾飞主题下双语教育政策的修正与完善阶段，三次华文教学改革和新的双语教育分流制度使双语教育政策自身的调整与改革进一步深化；2008 年至今是重造新加坡主题下双语教育政策的深入推进阶段，从中央课程到校本课程，双语教育政策的创新性进一步强化，双语教育全球化程度日益提高（周进，2015）。商务英语教育也与双语教育政策的方针一致，为促进经济发展，体现其实用性。

商务英语教育政策的方针在各个时期不断演进，始终围绕新加坡的经济发展，为对外贸易与获取西方科学技术解决根本的语言问题。1956年出台的《各党派报告书》探讨使用共同语解决民族矛盾的基本方法，报告提及"吾人与印度、锡兰、巴基斯坦等英联邦之关系，便使英语成为吾人在各方面共同致力于共同利益上的宝贵沟通媒介"（吴元华，1999）。当时新加坡的经济主要依赖国际转口贸易，英语是国际贸易的主要用语，该时期的商务英语教育以扫除国际贸易的语言障碍为目标。

1960～1990 年新加坡制造业直接出口额逐年攀升，其贸易结构发生了根本性改变（赫夫，2001）。围绕国家的稳定与发展，商务英语教育的发展也顺应这一主题，为拓展金融和商业服务行业服务。20 世纪 90 年代至 21 世纪初，处于经济腾飞阶段的新加坡努力向知识经济转型，语言政策与知识经济的发展相互促进（Bolton，Botha and Bacon-Shone，2017）。该时期的商务英语教育依旧以务实为总方针，但已逐渐意识到在商务环境下正确使用语言来达到有效的交流（Tan，1998）。商务英语的教学强调语言的准确性，因此商务写作（报告、信函、备忘录、提案）、商务演讲与汇报、商务谈判仍是教学的重点。时至今日，尽管商务英语教育政策所依赖的务实方针没有改变，但教学功能与定位已发生改变，商务英语教学更注重与实际商务环境的结合，达到沟通目的，而非单纯的语言教学。例如，商务沟通课程已不再是语言课程的一部分，而是与会计学、经济学、市场营销等课程一样，成为商科学生的必修课之一。这种教学模式符合 Bhatia（2002）提出的商务英语教学三重模型，是商务知识（Business Knowledge）、商务实践（Business Practice）及商务话语能力（Business Discursive Competence）的结合。

五、新加坡商务英语教育项目概况

新加坡的商务英语教育项目主要在公立大学、民办教育机构及英国文化教育协会（British Council）三个层面展开。不同层面的商务英语教育针对不同学生群体，其教学侧重点及要求亦有显著差异。

新加坡的六所公立大学并未单独设立商务英语专业，而是把商务英语课程融入全校性通识教育课程或者商科的核心教学中，且注重商务沟通能力的培养。例如，南洋理工大学把商务沟通作为商学院的教学重点，把"沟通基础"和"沟通管理策略"作为本学院的核心课程；而化学与生物医学工程学院也把"技术交流""职业沟通""有效的沟通"作为本院的核心课程（卢艳兰，2012）。新加坡的大学生大多有全职工作经验，男同学都曾服过半年兵役，女同学在入学前的半年空档期也大多工作过，他们更了解职业英语和职场沟通的重要性。因此，说明书/指南写作、论述文写作、面试技巧、产品介绍、团队建设等实用技巧都融入了大学的商务沟通的教学中（Goby，1999a）。公立大学在本科及研究生阶段未单独设立商务英语专业，主要与英语是新加坡的官方语言之一有关。大部分新加坡公民在初等和中等教育阶段已经接受了良好的英语教育，高等教育阶段的英语学习更倾向于与专业挂钩。因此，商务英语在高等教育阶段更注重具有实用意义且与本专业挂钩的商务沟通技能。

新加坡的民办教育机构（Private Education Institutions）提供 2～10 个月不等的商务英语课程，学习结束后可获得证书或文凭。新加坡民办教育机构的课程与公立大学教育形成互补关系，专门提供语言、商务、计算机、美术等专业的继续教育或学位教育（Singapore Education Statistics Digest 2017）。由新加坡民办教育委员会（Committee for Private Education，Singapore）认证的商务英语课程共有 11 项，提供课程的院校包括澳亚学院、阿米提全球学院、东亚管理学院和楷博高等教育学院。其中，阿米提全球学院和东亚管理学院提供分级商务英语课程（Permitted Courses Offered by PEIs，2017）。此类商务英语课程的特征和性质与民办教育机构在新加坡教育系统里所扮演的角色相符，更务实，更符合市场导向。例如，阿米提全球学院为本地及国际高中毕业生以上水平学习者提供入门级、初级、进阶、中级、高级共五个分级的商务英语培训，每一级的学习时间为 2 个月，该校把商务英语课程归入语言课程培训大类。短期、密集、分级的商务英语培训适合不同水平的学习者，也可为求学和工作需要打下一定的商务英语基础。东亚管理学院的商务英语课程属于证书课程，课程完成后可获得东亚管理学院颁发的商务英语证书。该校商务英语课程的设立主要为帮助学生适应本校大专、本科或硕士学位的学习，完成商务英语证书课程的学生被视为达到托福550或雅思6.0的英语能力。该商务英语课程以商务英语词汇、学术阅读、写作、听说能力为主要学习内容，模拟真实的商务场景，培养学生的商务交际能力。民办教育机构提供的商务英语课程十分注重学生商务英语听说读写技能全方位的训练，以适应职场要求或为更高层次的学位学习做准备。

新加坡英国文化教育协会开设的商务英语项目多为短期培训课程，既有专项商务英语培训项目，也有融入企业培训项目（Corporate Training）的商务英语技能教学内容，适合职场人士在工作之余提高自己的商务英语技能（English Courses for Young and Adult Learners，2017）。专项商务英语培训项目主要分为三个模块：日常商务英语（Business English）、商业信心（Business Confidence）及商务英语技能培训（Business English Skills Training，BEST），适合不同职场需求及各个程度的学生。日常商务英语模块主要针对各种商务主题的听、说、读、写商务英语技能培训，使学习者在模拟商务场景中得到训练，在职场中能与客户、同事更有效地沟通；学生可选择在文化教育协会教学场地进行小班或一对一教学，也可以在工作单位进行私教课程。日常商务英语课程既招收本地学生，也招收国际学生，而商业信心与商务英语技能培训模块则只招收新加坡及马来西亚学生。商业信心模块以更有效的职场交流及语言的准确与流畅程度为出发点，针对新加坡英语与标准英语的主要差异对学员进行培训。完成课程后，学员能以电邮、书信、会议、产品介绍、工作汇报等方式准确、清晰地表达自己的观点，与同事及客户进行有效沟通。在完成该模块后，学员可选择商务英语技能培训模块作为进阶课程巩固及提升商务英语技能。除了专项商务英语培训项目，文化教育协会的企业培训项目也融入了商务英语教学内容。企业培训项目包括工作坊（Workshops）、个性化商务课程（Customized Business Courses）、公司定制英语课程（English Courses for Companies）等。与专项商务英语培训项目不同的是，企业培训项目中的商务英语教学内容针对特定的行业，或是为个人及公司专门定制的教学内容，针对性更强，适用范围更具体，学员在结束课程后可以马上学以致用。工作坊包括一系列强化型的课程，其中与商务英语密切相关的文字表达（Written Communication）和人际交流（Interpersonal Communication）两项技能培训又下设许多子技能的培训课程：文字表达部分包括高级商务英语写作、商业出版物编辑技巧、会议记录技巧、顾客导向写作、社会媒体写作、科技写作、校对技能、工作报告等；人际交流部分包括商务谈判技巧、汇报技巧、经理面试技巧等。工作坊中商务英语子技能的培训适合工作团队有选择性地进行学习，强化密集型的训练适合补缺补漏，提高学习效率。个性化商务课程和公司定制英语课程的教学内容及学时都较灵活，学习内容与员工的工作技能密切相关。个性化商务课程可为客户服务中心员工提供电话沟通技能培训，为空乘人员提供客户服务技能培训等行业英语课程，也可与公司股东及管理层进行沟通后定制课程，以实现商业目标。公司定制英语课程根据组织机构所在行业及员工商务英语水平进行个性化教学。文化教育协会开展的商务英语教育项目适合各行各业具有一定工作经验的在职学员，课程针对性强、选择面广、与工作联系更紧密。

六、新加坡商务英语教育发展趋势

于新加坡而言，英语既是维持各民族和谐关系的桥梁，也是促进对外经济发展的动力；新加坡商务英语在国内将继续作为工作语言存在，对外继续处于促进经济发展的重要地位。新加坡商务英语教育的发展也将呈现百花齐放、百家争鸣的局面；不同类型的商务英语教育项目满足不同学生群体的学习需求，私立教育机构与英国文化教育协会开设的商务英语课程各有优势，形成一定的竞争关系。

新加坡商务英语将会延续注重商务沟通及务实性的教学重点，也会扭转部分商务英语课程过于注重语法而忽略教学实用性的现实。如今，英语在新加坡广泛使用，但新加坡英语作为标准英语的一种变体，混杂着标准英语和非标准英语（Goh，2017）。新加坡商务英语教育也将在延续标准英语教学的基础上，接受新式英语作为标准英语的一种变体存在。

七、结语

新加坡以教育兴国，以双语教育政策维护社会和谐、促进经济发展，商务英语教育也为国家发展做出了不可磨灭的贡献，尤其在对外经济贸易方面。新加坡商务英语教育的发展一直秉承务实的方针政策，建国初期作为对外贸易中的一种沟通工具，发展至今日与商务实践相结合，不仅作为一种专门用途英语存在，更注重商务沟通技巧。国内种类繁多的商务英语课程为学习者提供了丰富的选择，也面临着种种挑战。

参考文献

［1］Alsagoff, L. Hybridity in Ways of Speaking：The Glocalization of English in Singapore ［A］//L. Lim, A. Pakir, & L. Wee（Eds.），English in Singapore：Modernity and Management ［M］. Hong Kong：Hong Kong University Press，2010.

［2］Bhatia, V. K. Professional Discourse：Towards a Multi-dimensional Approach and Shared Practice ［A］//C. Candlin（Ed.），Research and Practice in Professional Discourse ［M］. Hong Kong：City University of Hong Kong Press，2002：39-59.

［3］Bolton, K., Botha, W. & Bacon-Shone, J. English-medium Instruction in Singapore Higher Education：Policy, Realities and Challenges

[J]. Journal of Multilingual and Multicultural Development，2017，38（10）：913-930.

[4] English Courses For Young and Adult Learners [A] //B. C. Singapore (Ed.) [M]. Singapore，2017.

[5] Goby，V. P. All Business Students Need to Know the Same Things! The Non-Culture Specific Nature of Communication Needs [J]. Journal of Business and Technical Communication，1999a，13（2）：179-189.

[6] Goby，V. P. Teaching Business Communication in Singapore：An Issue of Language [J]. Journal of Business and Technical Communication，1999b，13（4）：449-456.

[7] Goh，C. C. M. English as Lingua Franca：Singapore's Common Tongue [A] //O. S. Tan，E. L. Low，& D. Hung（Eds. ），Lee Kuan Yew's Educational Legacy [M]. Singapore：Springer Nature Singapore Pte Ltd，2017：56-67.

[8] Hargreaves，A.，& Shirley，D. The Fourth Way：The Inspiring Future for Educational Change [M]. Thousand Oaks：SAGE，2009.

[9] Low，E. L. Singapore's English Language Policy and Language Teacher Education：A Foundation for Its Educational Success [A] // S. K. Lee，W. O. Lee & E. L. Low（Eds. ），Educational Policy Innovations：Levelling Up and Sustaining Educational Achievement [M]. Singapore：Springer Science+Business Media Singapore，2014.

[10] Permitted Courses Offered by PEIs. Retrieved from https：// www. cpe. gov. sg/for-students/permitted-courses-offered-by-peis&func = courses&kw = business%20English.

[11] Singapore Education Statistics Digest 2017.

[12] Tan，J. Business Communication Research in These Countries：Malaysia and Singapore [J]. Business Communication Quarterly，1998，61（3）.

〔13〕W. G. 赫夫. 新加坡的经济增长：20 世纪里的贸易与发展〔M〕. 北京：中国经济出版社，2001.

〔14〕Year Book of Statistics Singapore 2017.

〔15〕卢艳兰. 新加坡高等院校人文素质教育研究〔M〕. 北京：人民出版社，2012.

〔16〕吴元华. 务实的决策 —— 人民行动党与政府的华文政策研究〔M〕. 北京：当代世界出版社，1999.

〔17〕周进. 新加坡双语教育政策发展研究〔M〕. 北京：社会科学文献出版社，2015.

第五章　泰国商务英语
教育发展

一、导论

　　泰国政府历来十分重视英语教育。作为亚洲唯一没有被殖民过的国家，发展英语教育是其向西方学习新知识、新技术并"师夷长技以制夷"的一个重要利器。而最近几十年，随着全球化的迅猛发展，为了能更好地与外国企业交流，那些既具备英语能力，又有商务方面知识的商务英语人才在泰国国际商务领域炙手可热。因此，为满足国家在进出口贸易、对外投资、吸引外资、对外经济合作等诸多国际商务领域对商务英语专业人才的需求，泰国的商务英语教育发展得到了政府空前的关注。本章主要探讨泰国商务英语教育的历史、现状和发展趋势，以期为对国别与区域商务英语教育发展感兴趣的英语教育工作者提供一些参考。

二、泰国教育发展概况

　　泰国的教育历史悠久，教育水平处于东盟十国的先进行列。最近几年泰国的经济以惊人的速度发展，这与该国重视教育关系紧密。

（一）泰国教育发展简史

从古代寺院教育到今天的现代化教育，泰国教育经历了近 800 年的历史。其发展可分为五个阶段：

（1）旧式教育时期（19 世纪以前）。这一时期的教育活动主要是在寺庙里进行。教育形式是僧侣给男孩传授经文和语言文字，寺庙就是学校，僧侣就是老师。

（2）教育开创时期（19 世纪初期）。这个时期，传教士设立了男子学校和女子学校，创办了报纸，发展了印刷业。泰国诞生了近代意义上的学校。

（3）教育振兴时期（19 世纪中期，即拉玛五世、拉玛六世时）。1871 年，国王拉玛五世在王宫建立了泰国第一所具有现代意义的学校。学校的目标是培养政府官员。学生都是贵族子弟，主要课程是泰语、算数和官方法规。这一时期，泰国各地都开始兴建学校。1887 年，泰国教育部成立。

（4）改革发展时期（20 世纪）。泰国 1913 年开始实施六年义务教育。在 20 世纪五六十年代，为了确保国民经济稳定，泰国当局对以往的教育体制进行了全面改革，着重发展高等教育。在 1961 年，泰国提出了第一个经济发展规划，与此同时也制订了与教育相关的发展计划。

（5）趋于完善时期（21 世纪至今）。近年来，泰国政府为普及初等教育采取了一系列措施，如"为学生提供午餐计划"、"为学生出借课本计划"、"为山区学生出借自行车计划"、"边远地区教师住房计划"及"Jip 计划"等。泰国政府希望构建一个道德、智慧和学习型社会，着手人的全面平衡发展和社会环境发展，提倡终身教育，全社会参与办教育，发展继续教育，确定教育质量标准，提高教师的专业水平，使教育资源平衡流动。

（二）泰国的教育体制

泰国的教育系统较为完善，可分为正规正式教育、非正规教育和非正式教育三类。三类教育学分还能相互转化，从而消除了人们轻视后两类教育的观念。其中，正规正式教育包括基础教育（小学 6 年、初中 3 年、高中 3 年）、高等教育（大学 4 年、研究所硕士 2~4 年及博士 3~5 年）、职业教育（2~3 年）。非正规教育独立于正规教育之外，补充、完善着正规学校教育体系，它由大众和私人机构、非政府组织、工厂或政府实体（如行政技能培训中心）提供。非正式教育是指自学领域，由教育部支持提供的基于学习者个体兴趣、潜能、意愿和机会，从社会、媒体或其他渠道学习知识的特殊学习活动。泰国政府将三类教育整合至终身教育的高度，由此间接实现了教育公平。

三、泰国商务英语教育发展总论

从 16 世纪初期开始，葡萄牙、荷兰、英国、法国等殖民者陆续强迫泰国政府签署了一系列政治、商业方面的条约。随着西方传教士和商人的到来，贸易英语开始在泰国传播。

1855 年，拉玛四世在位时，泰国与英国签署了《鲍林条约》，此条约加深了泰国与英国的经贸联系。在经贸往来中，拉玛四世和拉玛五世都意识到了英语尤其是商务贸易方面的英语对经济发展的重要作用。尤其是拉玛五世（朱拉隆功），他曾说过："语言的重要不仅仅是为了能与人交际，它也是我们学习其他知识的工具。"他用"以夷制夷"的方式成功地与西方国家周旋，从而避免了国家被殖民化的厄运。而两位国王对英语教育的重视，实际上也促成了泰国商务英语教育的最初萌芽。

19 世纪末，泰国开始开放与外国在经济和文化上的交流，因此对能用英语从事商务和文化教育方面工作的专业人士的需求日益增加。政府开始公派留学生去英国学习商务、文化、科学、艺术等科目，目的是他们回国之后可以为政府工作。

拉玛六世（1910~1925 年）是第一个留学英国的泰国国王，他继续执行朱拉隆功国王时期的教育政策，并于 1917 年创立了泰国第一所大学——朱拉隆功大学。建校之初，有四个学院，即医学院、政治科学院、工程学院、文学院。英语专业设在了文学院，除了学习语言外，也开设了商业、教育方面的课程。

"二战"后，泰国在经济上全面实行对外开放。至 20 世纪 80 年代左右，随着经济全球化的发展，泰国与世界各国经贸往来日益加深，在国际贸易中也逐渐占据一席之地。在这种大环境下，从事商务活动的泰国人不断增加，以英语为工作语言的商务活动也日趋活跃。于是那些既精通英语又了解商务贸易、市场经济的复合型人才，即商务英语人才受到了就业市场的青睐。一方面，市场对商务英语人才的需求在不断增加，另一方面，社会各类人士对掌握商务英语的需求也日益迫切，因此作为一门专门用途的"商务英语"应运而生。为满足这一需求，许多大学纷纷开设商务英语课程，有些大学还专门开设了商务英语专业，来促进学生在知识、能力、素质等方面协调发展以便适应市场的需求。

四、泰国商务英语教育政策概况

泰国有重视英语教育的传统，由泰国皇家学院成立的"全国语言政策委员会"（The National Language Policy Committee）在《泰国国家语言政策》（*National Language Policy of Thailand*）提案中提出：全球化时代，泰国应加强交际范围更广的语言（Language of Wider Communication）的教育，并"充分发展国民的语言能力和交际能力"。近年来泰国政府更是出台了一系列政策确保英语教育的地位。这些政策符合泰国国情，促进了商务英语教育的发展。相关政策包括：泰国教育部于 2006 年 8 月出台了改革英语学习过程以提升国家竞争能力的战略计划（Strategic Plan for Reforming the English Learning Process to Accelerate National Competitive Ability，2006~2010）。该计划在 2007~2010 年实施，旨在通过提高泰国国民的英语交际能力来加强他们的职场竞争力，从而提升泰国在经济和社会方面的国际竞争力。

2010 年，为推动东盟一体化，教育部特别制定了三项政策，其中与商务英语有关的政策是：①在全国 500 所标准学校内开设英语课程，其中包括商务英语课程，并邀请外国商务英语名师到学校授课。②改善学校教室设备并满足商务英语教学的需求。③让各大学成立教师英语培训班，对部分教师进行专门的商务英语培训，提高教师的商务英语教学能力。

2011 年，泰国教育部长钦纳翁在文莱出席东南亚国家第 46 届教育部长理事会议时表示，要吸引大量英语外教展开国内的英语教育，同时培养更多数量和不同类型的英语人才。这其中就包括了商务英语人才。全国 26 所大学将加强英语教学，同时扩大国内英语雅思考试（TEIS）考点、剑桥商务英语考试（BEC）考点，让学习者通过相关的标准考试来提高英语的综合能力。为此，教育部还专门于 2011 年向内阁申请 5 亿铢经费专门用于加快提高学生与社会英语水平的教学。

2014 年 2 月，泰国基础教育署署长 Chinnapat Bhumirat 指出，2015 年东盟将成长为一个共同体，泰国应有良好的教育准备，特别强调英语教学的重要性，注重商务英语人才的开发。

2017 年 3 月，泰国巴育政府全力推动"工业 4.0"（Industry4.0），并将这一项目提升至国家发展战略层面，是泰国未来发展的主要国策之一。"泰国工业 4.0"是泰国提出来的具有泰国特色的第四次工业革命国家发展战略，也是当前巴育政府力推的政策，其中有关的教育政策中提出要提高泰国公民在实体商务活动或在线商务活动中的英语交流能力，这也就意味着将大力发展和加强商务英语教育提高到了国家政策层面。

五、泰国商务英语教育项目概况

在泰国，专门开设商务英语专业的高校主要集中在曼谷地区，如朱拉隆功大学、曼谷大学、易三仓大学，这三所大学是处于首都曼谷领先地位的商业大学，是以商业教育为主的综合性私立大学。因此，笔者选择了曼谷这三所大学作为研究对象。

（一）泰国高校商务英语专业教育概述

大部分泰国的商务英语专业设在人文学院，还有一些大学开设在工商管理学院。在教学设备上如视听室、语音实验室等配套设施比较先进完善，在课程设置上，不少学校注重培养英语交际能力和翻译能力，这两个课程是专业必修课。因为这两个课程可以提高学生的实际运用能力，在工作中是不可或缺的。这个专业的选修课大多为英语国际贸易、酒店英语、旅游英语、秘书英语、航空英语等课程，有些大学还开设一些特殊的课程，如宏微观经济学、市场营销、金融管理学等。

在师资方面，在商务英语教学中，大部分教师是英语教学专业、商务英语专业、国际商务英语交流专业毕业的教师。此外，还有一些从西方国家聘来的外教。总体而言，商务英语教学的师资比较雄厚。

在教学方法上，采取小班教学，每个班有20人左右，由不同的教师授课。教师可根据自己的特长分别采用不同的教学方法。大部分的教师都能以学生为中心、运用多媒体进行教学，以激发学生的积极性。同时，又注重培养学生的语言表达能力，促使他们敢于用英语进行交流，对学生表达的句型和语法并不要求完全正确。

在教材方面，内容紧密联系未来实际工作中所需，以便学生在课堂学习的同时亦能进行实践。

在就业方面，由于商务英语专业的相关课程不仅能帮助学生掌握必要的商务英语知识和商务知识，更重要的是能够培养学生在商务环境下，在经济贸易领域熟练运用商务知识与英语的能力。很多商务英语专业的泰国大学生在毕业后都从事了外贸方面的工作，如外贸业务员、外贸翻译员等；部分从事教育工作，如商务英语方面的教师及商务公司培训师等；还有少部分进入外事领域工作。

(二) 泰国曼谷大学商务英语专业课程体系设置

1. 学分的分配

表 5-1 所示为商务英语专业课程学分分配一览。

表 5-1　商务英语专业课程学分分配一览

通用教育		30 分
专业教育	专业基础课	24 分
	专业必修课	30 分
	专业选修课	30 分
自由选修课		6 分
共计		120 分

2. 课程设置

表 5-2 所示为商务英语专业课程设置一览。

表 5-2　商务英语专业课程设置一览

通用教育	
Humanities and Language（人文及语言）	Critical Reading（批判性阅读）
	College Writing（大学写作）
	Communicative English（交际英语）
	Study Skills（学习技巧）
	Critical and Creative Thinking（批判和创造性思维）
	Art Appreciation（艺术审美）

续表

Social Science（社会科学）	General Psychology（普通心理学）
	Politics and Government（政治与政府）
	Intercultural Studies（文化差异研究）
Mathematics and Science（数学与科学）	Computer and Information Technology（电脑信息技术）
	Fundamental Mathematics（基础教学）
	Man and Environment（人与环境）
Physical Education and Recreation（课外活动）	略
专业教育	
Professional Foundation Courses（专业基础课）	Introduction to Business（商务简介）
	Principles of Management（管理学原理）
	Principles of Marketing（市场营销原理）
	Introduction to Business Computing（商务计算基础）
	Introduction to Language（语言介绍）
	Advanced Reading and Writing（高级读写）
	English Pronunciation（英语发音）
Major Requirements（专业必修课）	English for Business Oral Communication（商务英语口语交流）
	Reading and Writing in Business English（商务读写）
	English for Business Presentations（商务演示英语）
	ASEAN Studies（东盟研究）
	English for Business Meetings（商务会议英语）
	Seminar in ASEAN Business Topics（东盟商务研讨会）
	Cultural Knowledge and Communication（文化知识和传播）
	English for Business Proposals and Reports（商务建议和报告英语）
	Intercultural Competence in Business（商务跨文化能力）
	English for Business Negotiations and Persuasion（商务谈判英语）

专业教育	
Free Electives（自由选修课）	English for Business Correspondence（商务通信英语）
	English for Electronic Communication（电子通信英语）
	English for Master of Ceremonies（主持人英语）
	English for Job Applications（求职英语）
	Interpretation Skills（口译技能）
	Global Perspectives on International Issues：Focus on Thailand（关注泰国）
	Chinese（汉语）
	Chinese for Business Communication（商务汉语）
	Introduction to Chinese Writing（简单汉语写作）
	Computer Programming（计算机编程）
	Finnish Language and Culture（芬兰语言和文化）
	Italian Language and Culture（意大利语及文化）
	Japanese（日语）
	Korean Language and Culture（韩国语言文化）
	Cross Cultural Studies（跨文化研究）
	Thai Studies（泰语研究）
	Seminar in South East Asian Problems（东南亚问题研究）
	Norwegian Language and Culture（挪威语言和文化）
	Russian Language and Culture（俄罗斯语言和文化）
	Swedish Language and Culture（瑞典语言和文化）
	Spanish（西班牙语）
	Thai Language for Foreigners（泰语）
	Vietnamese Language and Culture（越南语言和文化）

六、泰国商务英语教育发展趋势

鉴于商务英语专业毕业生大部分在国际商务领域就业，因此要分析泰国商务英语教育发展趋势，有必要对泰国国际商务的现状、规划和趋势做一番了解。

泰国商业部贸易政策与战略办公室日前公布的最新统计数据显示，2017 年泰国外贸出口同比增长 9.9%，全年出口总额达 2366.94 亿美元，创历史新高。2018 年最后一个月，泰国出口额为 197.4 亿美元，同比增长 8.6%，实现了连续 10 个月的增长。WTO 官方网站服务贸易数据显示，除了 2009 年受金融危机的影响外，泰国的服务贸易进出口总额从 2004 年至今不断增加，增速均在 10% 以上，有的年份甚至达到了 20% 左右。这些数据表明，泰国的国际商务事业发展迅速，而且这一趋势仍将继续。对外贸易规模扩大和增长方式转变对商务英语专业人才的培养规模和模式提出了新的更高的要求，这主要体现在以下三个方面。

（一）加强国际型商务人才的培养

商务英语专业应在坚持培养应用型和复合型人才的同时，加强国际型人才的培养。国际型人才是指具备以下几种素质的人才：具有比较宽广的国际视野；具有较强的创新意识和创新能力；掌握本专业领域最新知识、技术与信息动态；了解国际商务规则和惯例；具有参与国际商务竞争的勇气和能力；熟悉中外多元文化，具有良好的跨文化沟通能力及国际交流与合作能力；具备较强的运用和处理信息的能力。

（二） 注重现代服务贸易型商务英语人才的培养

商务英语人才培养的重点应从培养主要适应传统货物贸易型人才向培养能够适应现代服务贸易型人才转变。2017 年第二季度，泰国经济同比增长 3.7%，增幅大于 2017 年第一季度的 3.3%，主要原因是农业及主要服务行业增长迅猛，包括酒店及餐饮、运输及通信，以及贸易。泰国服务贸易发展势头强劲，应该尽快加强此方面人才的培养，拓宽商务英语人才就业口径，满足国家发展的需要。

（三） 促进复合型商务英语人才的培养

商务英语专业应该培养具有扎实的英语语言功底，了解经济、贸易、财会、管理、法律和文化等诸多学科的相关知识和理论，掌握国际商务交际活动能力，人文素养好，思辨能力强，拥有全球化视野和跨文化交际能力的复合型商务英语人才。这样的人才在综合素质、创新能力、应用能力和专业知识方面更有优势，更能胜任涉外企事业单位、跨国公司、政府部门乃至国际组织的相关工作。

七、结语

在经济全球化进程如火如荼、社会发展日新月异的大时代背景下，泰国商务英语教育也得到了前所未有的发展。但作为一门新学科，泰国许多高校还是以开设相关课程为主，专门开设商务英语专业的并不多见。因此，泰国商务英语教育还有很大的发展空间。此外，如何在发展壮大该学科的同时使商务英语专业教育能更好地服务于经济、社会和科技的发展，这个问题也颇值得泰国及其他国家英语教育界深思。

参考文献

［1］郑阳梅.泰国国家教育概况及其教育特色研究［J］.广西青年干部学院学报，2015（1）.

［2］吴芸.泰国英语教育及其启示［J］.科教导刊，2014（30）.

［3］陶倩.泰国英语教育发展研究［D］.广西师范大学硕士学位论文，2010.

［4］王进军.泰国多元化外语教育政策的发展特征及趋势［J］.比较教育研究，2011（9）.

［5］韩风明.泰国商务汉语教学研究［D］.浙江大学硕士学位论文，2012.

［6］叶兴国.我国商务英语专业教育的起源、现状和发展趋势［J］.当代外语研究，2014（5）.

第六章 文莱商务英语教育发展

一、导论

文莱，全名"文莱达鲁萨兰国"，又名文莱伊斯兰教君主国，国土面积仅为5765平方公里，是东盟十国中国土面积仅次于新加坡的国家。截至2015年，总人口为42.89万人，是东盟十国中人口最少的国家。文莱是一个统一的多民族国家，实行独特的马来伊斯兰君主制政策，官方语言为马来语，官方宗教为伊斯兰教，全国67%的人口为马来族。高工资、高消费、高福利、高度城市化的文莱是世界上最富有的国家之一，这也让它享有"亚洲的安乐乡"之称。文莱是东南亚第三大产油国和世界第四大液化天然气生产国，石油、天然气的生产和出口是文莱的国民经济重要支柱。为了避免经济结构过于单一，近几年来文莱政府大力推行经济多元化和私营化政策，大力发展农林渔业、建筑业、运输业、金融服务业和旅游业，并取得了很大的进展。

文莱从1984年独立后开始奉行全方位外交战略，截至2012年底，已经与163个国家建立了正式的外交关系。1991年9月文莱与中国正式建立外交关系，1999年两国建立"文化合作谅解备忘录"，2003年与中国建立东盟战略伙伴关系。近年来，随着中国—东盟自贸区的建成，中文两国双边经济合作更加紧密广泛。2013 年，习近平总书记提出了"一带一路"倡议，强调周边国家是非常重要的组成部分，又强调"要把中国梦同周边各国人民过上美好生活的愿望同地区发展前景对接起来"。在中国"一带一路"建设和文莱推行外国直接投资自由化的经济政策改革双重背景下，两国于 2016 年 4 月实施文莱—广西经济走廊项目，增强两国命运共同体的意识，对两国未来发展有着深远意义。

在中国与文莱进一步拓展政治、经济、文化等领域的交流与合作的基础上，两国高等教育的合作与交流也逐步展开，最显著的体现就在于近几年不少国内学者逐渐关注文莱的教育发展并取得了一定的进展，如肖建芳等的《文莱教育及其对我国教改的启示》（2007）、黄斗等的《东南亚各国高等教育改革与发展分析》（2008）、郭元兵的《文莱高等教育述评》（2009）、黄斗的《文莱国家教育体制分析》（2011）、刘子云的《文莱大学办学特点研究——基于文莱高等教育发展的视角》（2011）、蒋珍莲的《文莱高等教育研究的回顾与展望》（2013）、郑阳梅的《文莱国家教育概况及其教育特色研究》（2015）、王晋军和刘娟娟的《文莱的语言生态与双语教育政策研究》（2017）。国外学者对文莱英语及英语教育的研究兴趣也日益凸显，如 Barry（2011）、Noor Azam 和 Mclellan（2014）等。但是针对文莱的商务英语教育发展的研究一直是个空白，本章试图从文莱的教育历史进程及英语教育的发展逐步延伸到对文莱的商务英语教育进行初探，以期促进两国商务英语教育合作与发展。

二、文莱教育发展概况

由于长期遭受葡萄牙、西班牙、荷兰、英国等国的侵略，文莱的现代教育发展缓慢。直到 1984 年 1 月 1 日，文莱宣布独立后，开始重视教育并充分借鉴国际办学理念，力图通过对外开放办教育，对内制定符合本土历史文化和经济的教育制度，为文莱公民提供优质教育，为将文莱建设成为和平、先进、发达的国家奠定扎实的基础。

文莱的正规教育始于 1912 年第一所马来语学校的建立，第一所华文学校（小学）建立于 1922 年，为现今的文莱中华中学。1931 年建立了第一所用英语教学的私立小学。1950 年英国壳牌石油公司开办了一所石油技术学校。20 世纪 50 年代以来，文莱的教育事业开始有所发展，1951 年公立英语学校开放，并在接下来的三年内逐渐开始中学教育。1956 年文莱政府创办了第一所师范专科学校，为国内培养中小学师资。1954~1959 年执行教育发展计划，1970 年成立国家教育委员会，并于 1972 年确定文莱的教育方针和政策。1985 年，全国开始实行双语教学。1985 年 10 月 28 日建立文莱第一所综合性大学——文莱大学。由文莱政府开办的国立学校一切费用均由政府拨款，文莱向全体公民提供从学前教育到高等教育的一切费用，包括国内住校生的食宿、家住离校 8 公里以上学生的交通费，以及到国外接受高等教育所需费用。2009 年开始实施 "21 世纪国民教育体系" 并于 2012 年全面实施，覆盖学校系统的各个层次。

自 1984 年 1 月 1 日文莱独立后，文莱教育部主管全国教育，从幼儿园到大学的政府学校和有关教育机构的管理均由文莱教育部负责。由于文莱在 1888 年和 1946 年两度沦为英国的 "保护国"，教育制度和教学大纲均受英国影响，现行的教育制度为 "7-3-2-2-4" 制，即小学 7 年（含学前班 1 年、初小 3 年和高小 3 年）、初中 3 年、高中 2 年、大学预科 2 年、大学 4 年。中小学每学年有 3 个学期（1~5 月、5~9 月和 9~12 月），大学每学年有 2 个学期（8 月 3 日至 12 月 7 日，1 月 13 日至 5 月 17 日），学期周数为 18 周。

（一）初等教育

初等教育分为三级：学前教育一年，学生五岁入学，属于义务教育阶段的一部分。学前班的课程有马来语、英语、算术、品德、伊斯兰教基础、体育、音乐及个人和社会发展等;初小阶段(1~3年级)授课语言为马来语,课程有马来语、英语、数学、伊斯兰教知识、体育、手工美术和公民课;高小阶段(4~6年级)进行双语教育,伊斯兰宗教知识、艺术与工艺、体育与历史等科目用马来语讲授,而数学与科学等科目用英语教授。"21世纪国民教育体系"的课程目标是在适应发展的背景下,保证学生从学前阶段向初等和中等阶段学校教育平稳过渡,并保证两个阶段之间的连续性。初小阶段注重阅读、写作和算术技能,社会性与情感发展,以及个性发展;高小阶段注重阅读、写作和算术技能,复杂技能。学生在完成七年初等教育和通过教育部举办的"小学证书考试"(PCE)之后,将按成绩升入中学进行分组学习。

(二) 中等教育

中等教育由普通中学和职业技术学校构成。初中3年,学生初中毕业前要通过"初中考评"PMB考试,通过了PMB考试的学生可以选择升入高中进行2年学习;或者选择就业或进入教授工艺和技术课程的职业技术学校。初中的必修课共有7门,即马来语、英语、数学、综合科学、伊斯兰教知识、历史和地理;选修课有9门,即电脑、农业科学、家政、商学、第三语言、木工、铁工、手工美术和音乐。除了伊斯兰教知识、"马来伊斯兰君主制"课和手工美术课外,其余的都用英语授课。

文莱的高中教育在科学、艺术和工艺领域的培养已经具备一定的专业性,以适应学生在高中学习期间选择日后的专业方向:文科、理科或职业技术教育(具体见表6-1)。文莱高中生的三门必修课为马来语、英语和数学。成绩优异者可在中学4年后(即高二结束时)参加文莱—剑桥"O"级考试,而成绩稍差的学生则要先通过剑桥"N"级考试,一年后方可参加"O"级考试。通过"O"级考试并修完2年大学先修班课程的学生可参加剑桥"A"级考试。其他学生则前往国内外的大学、学院及培训中心等继续学习或选择就业。

表 6-1　文莱高中课程

攻读方向	必修课	选修课	学制
文科、职业技术教育	农业科学、综合科学、人文生态学（选修1门）	科学或综合科学、人文生态学、农学、地理、历史、经济学、艺术、电脑、伊斯兰教知识、英国文学、马来文学、第三语言、时装及织物、食品与营养、商学、商业及会计学原理（选修3~4门）	与小学相同，每年有 3 个学期（1~5月，5~9月，9~12月），每个学期18周
理科	生物学、化学、物理学、数学、几何、经济学、会计原理（至少修2门）	历史、英国文学、伊斯兰教知识、手工美术、其他语言（选修1门）	

资料来源：郑阳梅. 文莱国家教育概况及其教育特色研究［J］. 广西青年干部学院学报，2015，25（2）：65.

（三）高等教育

由于长期遭受殖民统治，文莱高等教育起步较晚，高等院校数量不多，自身的宗主国色彩对于文莱的高等教育是把"双刃剑"，直到 1985 年才成立一所国立大学：文莱大学。但由于文莱强大的国家经济实力及政府的高度重视、采取开放式办教育的策略、联合国际合作办学、积极汲取国际先进办学经验，文莱的高等教育呈现出"起步晚，见效快"的局面。文莱相对资历较深的高等院校有四所，它们是文莱大学、文莱理工学院、拉希达护理学院和文莱古兰经学院。总体而言，文莱高等教育有以下几个显著特点：①教育经费十分充足；②严格实行"马来伊斯兰君主制"；③注重技术人才的培养；④文莱女性接受高等教育的概率位居东南亚前列。

三、文莱商务英语教育发展概况

（一）文莱的英语地位

1959 年 9 月 29 日文莱颁布第一部宪法，至今也是唯一的一部宪法，其中的第 82 条第一条款规定，"除非成文法另有规定，否则英语在今后 5 年的时间里可与马来语一起用于所有官方目的"（Martin，2008），显示出"人们对英语和马来语作为一种与当地人民的遗产和文化有联系的一体化语言的工具性需求"（Jones，2005）。如上文所言，文莱曾经两度是英国的保护国，在这期间，文莱人对英语的态度从最初的排斥到接受最后上升到两种主要教育语言之一。即使独立之后，英语在文莱教育、政治、经济、社会生活中也起着举足轻重的作用，在一定程度上其影响力还超出了其民族语言——马来语。1985 年 1 月，文莱取得独立后的第一年，就采用马来语—英语双语教育体制，目的是让所有的文莱人享有学习马来语和英语的同等机会。正如前文所述，文莱的中学阶段，英语是教授数学、科学和经济学等"核心"课程的必修课，而"软"科目，如艺术和体育，则是用马来语教授的。文莱采用循序渐进的方式从小学、初中、高中到大学引入英语教学，年级越高，英语授课的课程越多，直至大学几乎所有的课程都用英语授课，最终能实现全英语教授课程（Jones，1996）。文莱的双语教育体制是文莱政府推行马来化并全民普及英语的具体举措，并且通过《文莱 1984 年教育政策》给予规定和落实。"21 世纪国家教育体系"（SPN-21）旨在取代自 1984 年开始实施的双语教育体系，以取代文莱（双语）教育体系。表 6-2 所示（袁洁，2016）的文莱近代教育语言政策实施的具体时间及要点，体现了文莱政府双语教育政策的逐步改变及调适，不仅凸显了马来语的民主语言的地位，强化了马来族意识，传承了民族文化，而且也培养了大量能用世界通用语——英语进行沟通的双语（马来语和英语）人才，使文莱能够应对全球经济一体化的趋势。

表 6-2 文莱近代教育语言政策实施时间及要点

1959 年宪法第 82 条规定马来语与英语一同为官方语言
1972 年《文莱教育委员会报告》规定马来语为中小学教学的媒介语，提出 9 年教育
1985 年双语教育政策颁布
1993 年《文莱教育政策》提出向公民提供至少 12 年教育（7 年学前和小学教育，3 年初中，2 年高中），前 9 年为免费教育
1997 年颁布《特殊教育法》，在公立学校为特殊群体学生提供教育
2003 年《教育法》规定马来语是所有教育机构的主要语言
2005 年加入联合国教科文组织
2007 年颁布《2035 国家前景规划》，国民教育达到国际高水准《教育部规划战略 2007-2011》，要求采用国际高水平教育学习方式
2007 年《义务教育法》颁布，确立九年义务教育
2009 年《走向 21 世纪国家教育体系》（简称 SPN21）提高国民接受高等教育的机会，首次提出"全纳教育"
2012 年《教育部规划战略 2012-2017》提出"卓越教学"，提高教学质量

资料来源：袁洁. 文莱语言政策影响下的语言转化［J］. 岭南师范学院学报，2016，37（5）：168.

英语不仅是文莱最主要的教育媒介，而且在报纸、广播和电视及电子信息来源等媒体中也发挥着重要作用。英语可作为法庭办案语言，司法体系也以英语习惯为基础。当地英语报纸《婆罗洲公报》现在不仅在文莱各地发行，而且在邻近的马来西亚东部的沙巴和沙捞越也发行，并且有纸质版和电子版。当地电视频道文莱电台（RTB）每天播放两个新闻节目，一个是从每晚 8 点开始持续 45 分钟的马来新闻，另一个是从晚上 10 点开始持续 30 分钟的英语广播新闻。另外，从 1965 年以来，文莱有两个电台广播：一个是马来语电台，另一个是英语电台。近几年出现了两个英语广播电台（伦敦首都调频电台和首都黄金电台），所有这些媒体的发展都大大增加了文莱人接触英语的机会，潜移默化地影响他们的英语沟通能力。

（二）文莱各高校的商务英语

文莱高校中涉及商务英语的学院有：

（1）文莱大学，是文莱最大的一所综合性大学，是文莱高等教育和科学研究中心。文莱大学的商业经济和政策研究学院设有商业经济和公共政策研究两个系，另外还开设商业管理学和公共政策及行政两个学士课程和公共政策硕士课程。该学院的办学目标是希望在商业、经济和金融领域获得国家学术领袖的声誉，因此提供了广泛的学位课程，包括商学学士、工商管理硕士、伊斯兰金融硕士、管理硕士、物流硕士、经济学硕士、研究硕士和博士课程。在研究领域，学院发展了自己的专长，拥有多个领域的多学科研究人员：会计和金融应用经济学、清真营销和品牌伊斯兰银行、经济学和经济学的定量方法，用于经济学和商业研究的战略管理，包括人力资源管理和知识管理。

（2）文莱理工学院，2008年10月18日苏丹下令将文莱理工学院升格为大学，分为工程学院和商业管理与信息技术学院。该校初期开设商业与金融系，还提供商务、计算机等领域的国家高级毕业文凭课程（HND），是文莱培养科技人才的摇篮，目前设有六个系，其中一个系是商业管理系。最近几年，当地的金融机构与学校签署定向培养人才合同，提供资金支持以减轻政府负担。

（3）文莱拉克萨马纳商学院，成立于2002年3月，和英国肯辛顿商学院联合办学，有大学预科、本科学位和商学专业课程，可为毕业学生颁发专业资格证书，即KCB证书。本科阶段的学习完成后，可继续前往英国相关协议学校攻读工商管理硕士。

（4）文莱苏丹·沙立夫·阿里回教大学，成立于2007年，进入该校的学生必须先修 3 个月的阿拉伯文和英文课程再正式上课，现有五个学院，其中有工商管理学院。

以上文莱仅有的几所大学开设的商业经济及管理专业显示，其与我国的"英语+商务"的人才培养模式有区别，因为文莱的历史原因，循序渐进的双语制教学、各种媒体及司法采用英语语言的社会环境，使文莱接受高等教育的人的英语知识和运用能力都较强。相对于我国的商务英语教育，以上文莱几所大学并没有单独设置商务英语教育专业，文莱的商务英语是与其他学科（主要是商科）混合的本科专业，更加强调商务学科知识的学习与商务实务的应用，培养目标和我国的商务英语基本一致。

四、结语

综上所述，文莱作为经济实力雄厚的东盟成员国之一，它自身独特的文化与风俗习惯及历史背景，造就了别具一格的商务英语使用特点。因此，在我国"一带一路"建设和文莱"2035 宏愿"的背景下，充分了解文莱高等教育的商务英语项目及相关政策，对促进两国的商务英语教育合作办学有深远的意义。

参考文献

［1］Barry，C. English Language Teaching in Brunei：A View through a Critical Lens［J］. Relc Journal，2011，42（42）：203-220.

［2］郭元兵. 文莱高等教育述评［J］. 汉江师范学院学报，2009，29（2）：142-144.

［3］黄斗，张晓鹏，邓芳娇，兰月秋，罗文华，黄炳瑜. 东南亚各国高等教育改革与发展分析［J］. 东南亚纵横，2008（9）：18-29.

［4］黄斗．文莱国家教师教育体制分析［J］．文教资料，2009（23）：125-128.

［5］Haji-Othman，N. A. & Mclellan，J. English in Brunei［J］．World Englishes，2014，33（4）：486-497.

［6］Jones，G. M. The Role of English in Brunei Darussalam［A］//In A. Brown（ed）．English in Southeast Asia［C］．Singapore：Nanyang Technical University，1996.

［7］Jones，Gary. M. The Evolution of Language-in-education Policies in Brunei Darussalam［R］．Bandar Seri Begawan：University Brunei Darussalam，2005.

［8］蒋珍莲．文莱高等教育研究的回顾与展望［J］．牡丹江大学学报，2013（11）：153-155.

［9］刘子云．文莱大学办学特点研究——基于文莱高等教育发展的视角［J］．钦州学院学报，2011，26（1）：34-38.

［10］Martin，P. Educational Discourses and Literacy in Brunei Darussalam［J］．International Journal of Bilingual Education & Bilingualism，2008，11（2）：206-224.

［11］Noor A. H.，Mclellan. English in Brunei：Challenges and Future Directions［J］．World Englishes，2014，3（4）：486-497.

［12］王晋军，刘娟娟．文莱的语言生态与双语教育政策研究［J］．中国外语，2017（5）：65-71.

［13］肖建芳，王振权．文莱教育及其对我国教改的启示［J］．重庆理工大学学报，2007，21（4）：167-169.

［14］袁洁．文莱语言政策影响下的语言转化［J］．岭南师范学院学报，2016，37（5）：166-172.

［15］郑阳梅．文莱国家教育概况及其教育特色研究［J］．广西青年干部学院学报，2015，25（2）：64-67.

第七章 菲律宾商务英语教育发展

一、导论

菲律宾共和国地处西太平洋区域，是连接亚洲、大洋洲及东亚和南亚国家的交通要道。该国共有大小岛屿 7107 个，海岸线长约 1.85 万公里，国土面积 29.97 万平方公里。这些岛屿像一颗颗闪烁的明珠，星罗棋布地镶嵌在西太平洋的万顷碧波之中，菲律宾也因此拥有"西太平洋明珠"的美誉。

菲律宾大部分是由山地、高原和丘陵构成，火山众多，地震频繁，盛产水果，椰子和蕉麻（马尼拉麻）的产量居世界首位。气候高温多雨，北部属海洋性热带季风气候，南部属热带雨林气候，年平均气温 27℃。由于地理位置具有重要的战略意义，菲律宾成为历史上强国争夺的对象。1521 年，麦哲伦探险队首次环球航海时抵达菲律宾群岛，此后西班牙逐步侵占菲律宾，并统治长达 300 多年，对菲律宾的文化，如语言、人名、地名、宗教、建筑、艺术、生活习俗等都影响至深。1898年美西战争中，美国打败西班牙，取代了西班牙在菲律宾的统治地位，统治菲律宾近 50 年。美国人占领菲律宾后，为了更好地实行殖民统治，在菲律宾各地大力推广英语，向菲律宾学生免费提供英文课文，又从本土输送大批英语教师到菲律宾，通过教育极大地影响了菲律宾人和菲律宾文化。尽管美国文化对近代菲律宾文化发展具有突出的影响，但在美国统治期间，菲律宾民族主义高涨，民族文化有所发展，尤其是 1946 年 7 月 4 日，菲律宾独立，他加禄语成为菲律宾的国语。近些年，菲律宾成为东南亚地区人口增长率最高的国家，马来族占全国人口的 85% 以上，包括他加禄人、伊洛戈人、邦班牙人、维萨亚人和比科尔人等；少数民族及外来后裔有华人、阿拉伯人、印度人、西班牙人和美国人；还有为数不多的原住民。菲律宾有 70 多种语言，国民约 84% 信奉天主教，4.9% 信奉伊斯兰教，少数人信奉独立教和基督教新教，华人多信奉佛教，原住民多信奉原始宗教。到 2016 年，菲律宾人口已达到 1.03 亿人。由于历史、政治、社会等各方面原因，英语已经成为菲律宾官方语言之一，英语在菲律宾的普及率很高。英语作为重要的语言资源促进了其经济发展，许多欧美国家的机构和公司纷纷把亚太地区总部设在菲律宾。菲律宾向海外输出大量劳动力也与他们通晓英语有很大关系。

二、菲律宾教育发展概况

早在 1901 年美国殖民统治期间，菲律宾即颁布了 74 号法案，建立了公立小学教育体系和公共教育部，成为亚洲第一个实施免费教育的国家。自 1946 年独立以来，历届菲律宾政府都重视教育发展并进行了一系列改革。因长期被殖民统治，菲律宾整体教育是在西班牙、美国、日本的影响下建立、演化并发展起来的。菲律宾教育具有典型的欧美风格，尊重学生的学习主体地位，教师喜欢利用其他平台（模仿、视频、表演等）和道具（模型、实物等）来引起学生兴趣。在菲律宾的学校中，无论是教师、教学内容还是教育体制，都传递着美国的教育理念和价值观念，而缺乏本土文化的内容。长期以来，与同等水平的发展中国家相比，菲律宾一直将教育置于优先发展地位，即使国民人均收入水平相对较低，但其教育开支仍占中央政府预算的较高比例，其入学率也接近于欧美等高收入国家。菲律宾教育经历了四个发展时期：①16世纪到19世纪末，即西班牙殖民时期，天主教开办各种学校，开设以宗教为主的课程，其次是西班牙语、历史、地理、算数等课程，除西班牙人外，只让少数本地贵族子弟入学。1863年，西班牙政府在各地开办小学和设立教育管理机构，制定统一的小学教育大纲。1898年，建立菲律宾共和国，在全国实行义务教育和免费小学教育。②1899年至1946年7月3日为美国殖民地时期，全部课程改用英语教学。1901年颁布74号教育法案建立公共教育部，要求教育与学校分开，从此推进美国教育制度，一系列师范、工业和农业专科学校逐渐成立。1908年创办菲律宾大学。③自治时期。1935年菲律宾自治政府成立。1940年通过教育法令和586号法令，简化课程并强调工业技术训练，大力发展公立和私立中学与中等职业学校、工业技校和农业技校。④1946年独立后的新时期。1946年独立后推行了一系列重大教育改革，主要包括修订小学课程、推广菲律宾语、举办村立学校、扩大和改善职业技术教育、全面实施初等教育等。菲律宾教育系统包括正规教育与非正规教育，使用双语教学。2012年6月，菲律宾教育部开始分阶段实施K-12基础教育体制（其中K指一年学前教育，12指6年基础教育、4年初中教育和2年高中教育），在基础教育阶段，学生除了学习基础课程外，一年级到二年级还必须选修一门职业课，四年级到六年级必须选修实用工艺课，从而保证学生无论在哪一个年级辍学后都具有从事某种职业的生存能力。中等教育分为普通中学与职业技术教育两类，但不是并行的。职业技术教育在普通中学教育之后进行，即学生在完成普通中学教育后，再选择参加2~3年的职业学校课程或经考试合格后进入高等院校深造。菲律宾的中学课程主要集中在菲律宾语、英语、科学、数学及爱国课程5个领域。同时还强调学习能力的整合和跨学科的学习，重视学习过程和教育模式，并增加了基础科目的学习时间。菲律宾的高等院校有公立和私立两种类型，高等教育包括专科教育、本科教育和研究生教育。目前，菲律宾高等教育有着明显的国际化特色，主要体现在以下几个方面：一是政府政策的支持、英语教育的优势及相对低廉的学费和生活费。二是菲律宾加强与世界各地高效的联系，积极派遣学生出国留学或实习。三是国际合作项目形式多样。虽然菲律宾整体教育水平提高，学历文凭获得国际的普遍认同，但是高等教育中，学科和专业设置都存在重文轻理的现象，学生主要分布在教育、师范、工程和商科这几个专业领域，自然科学领域的毕业生比例很低，教育科研功能弱化。

三、菲律宾商务英语教育发展总论

菲律宾的高等教育有着悠久的历史，由于受到美国的影响，采用与美国相同的教育体制，政府规定英语为官方和商业用语。菲律宾是除了英国、美国、澳大利亚和新西兰以外世界上最大的英语国家，这一优势也是吸引邻近国家学生到菲律宾留学的重要原因。菲律宾近20年来和外国大学之间的学术交流频率也在稳步上升。参与交流项目的大学教员主要是国际研究、科学和技术、工程、商业管理和研究的专家。参与交流项目的学生主要学习以下四种课程：科学与数学、商务和经济、计算机科学与人文艺术。商科专业及商务英语培训项目的交流合作日益增多，商科教育及商务培训通过学术交流、奖学金授予、国际会议等鼓励留学生来菲律宾学习，有效地促进了菲律宾商科及商务英语培训教育走向国际。2013年，中国领导人顺应全球经济一体化发展的大趋势，提出共建"丝绸之路经济带"和"21世纪海上丝绸之路"的倡议。菲律宾属于"一带一路"沿线发展中国家之一，近年来中菲贸易不断增长。2016年6月底，菲律宾新总统杜特尔特上任后，积极开展与中国的合作，中菲经贸合作迎来了前所未有的大好机遇，很多组织和跨国企业在菲律宾设立总部或地区总部办公室。与此同时，商科教育和商务英语培训课程也吸引了亚洲周边国家的学习者，有针对不同年龄层次人员的短期语言培训，也有很多世界和亚洲一些顶尖教育培训机构开设商务英语教育相关的培训课程，高等学校的商科教育和社会上的语言教育培训机构为菲律宾商务英语教育发展提供了更广阔的平台。

四、菲律宾商务英语教育政策概况

菲律宾语言政策经历了从殖民语言政策到国语推广，再到全球化时期的开放语言政策的转变。西班牙占领菲律宾长达三个多世纪，但因为西班牙人采取语言分化政策，为传播宗教，要求传教士传播西班牙语，同时为了预防菲民反抗，拒向菲民众、仅向在菲出生的西班牙子弟和当地贵族子弟提供西班牙语教育机会，在此政策下，西班牙语在菲长期未得到有效推广。而在美国对菲律宾统治的 48 年中，因其与西班牙语言政策大相径庭，采取语言同化政策，从本土大量引进教师和教材，成功将其改造成一个英语国家。菲律宾独立后，美国又凭借两国的同盟关系潜移默化地影响着菲律宾的语言教育政策。独立初期，20 世纪 50~60 年代，为促进其他民族更好地接纳国语，国家教育委员会在 1957 年规定菲律宾语从学前开始教授，独立后的 20 多年，菲律宾语的地位不断提高，对普及民族教育、增强民族凝聚力起到了积极的作用。20 世纪 70 年代，菲律宾民族经济有所发展，人民对国家产生了一定的信心，在菲律宾语言发展为小学低年级教学语言的基础上，政府希望进一步促进民族团结和汲取现代知识，为此菲律宾于 1974 年开始实施"英菲并重"的双语教育政策。21 世纪以来，菲律宾政府重新将英语、西班牙语树立为主要教育语言，并废除 35 年来的双语政策，规定全国使用以母语为基础的多元语言开展教学，菲律宾的语言教育政策走向开放。然而，由于英语的经济价值，学校和民间仍然重视英语的学习。菲律宾商界也普遍采用英语作为对外交流与合作的工具，满足了经济全球化和经济区域化的发展要求。

五、菲律宾商务英语教育项目概况

在跨国贸易盛行的大环境下，菲律宾各大培训机构及语言学院利用其在亚洲的英语学习资源优势与多个国家包括韩国、日本和中国大陆等合作开展了大量语言及商务英语的教育培训项目。针对亚洲其他国家的商务英语的培训项目，其学习目的主要是帮助办公室白领、职场商务人士实现在各种工作场景，包括复杂的商务场合下和外籍人士进行日常交流、准确交流。通过学习商业场合中主要使用的词汇和表达方式培养商务英语应用型人才，使之在具备优秀的语言能力条件下发挥出色的商务才能。针对中国学生的商务英语学习内容主要有：第一步，学习商务英语词汇和表达方法的知识；第二步，学习标准商务文书的书写方式、概括方法、写报告书的方法；第三步，学习生意场合中如何使用英语；第四步，培养围绕主题的演说及传达的能力；第五步，学习商务用语知识；第六步，在讨论基本的商务问题过程中学习会议记录的写作方法；第七步，体验公开面试和模拟面试；第八步，培养根据事业规划思考出商务模式和在会议中有条理地论述的能力。

六、菲律宾商务英语教育发展趋势

根据 2013 年全球使用商业英语程度 BEI 的报告，全球使用商业英语最流利的国家就是菲律宾，第二、第三名为欧洲的挪威、荷兰，菲律宾直接超越英语系国家，也是前五名内唯一的亚洲国家。菲律宾的商务英语能力优势间接吸引了许多跨国公司及工厂的进驻。随着菲律宾教育进一步国际化，以及相对欧美低廉的英语学习及生活费用，其进一步吸引了亚洲其他国家如日本、韩国、中国、马来西亚、泰国等留学生赴菲留学深造或参加短期商务语言培训，进一步促进了菲律宾商务英语教育及培训国际化的发展。

七、结语

随着世界经济国际化步伐的加快和科学技术的迅猛发展，菲律宾经济一体化特征越来越明显，国际商务活动越来越频繁，菲律宾商科教育也日益走向国际化，国际多层面、多方式的教育合作及培训也空前活跃，那些拥有较强商务英语能力的复合型人才，尤其是电子商务人才在菲律宾越来越走俏。

参考文献

［1］吴杰伟. 菲律宾社会文化与投资环境［M］. 北京：中国出版集团，2012.

［2］盛雪. 浅析中国与菲律宾大学课堂模式的差异［J］. 现代交际，2017（8）：160-161.

［3］孟世悦. 追求卓越，实现公平——菲律宾发展研究院［J］. 外国中小学教育，2017（9）.

［4］World Education News and Reviews，Education in the Philippines［EB/OL］.（2017-12-09）https：//wenr. wes. org/2015/06/education-philippines.

［5］刘燕，周玉忠．美菲关系对菲律宾语言教育政策发展的影响研究［J］．宁夏社会科学，2017（1）．

［6］黄藐．"一带一路"战略背景下菲律宾职业教育扶贫政策及启示［J］．职业教育，2017（7）．

［7］钱伟．试析菲律宾和新加坡的"多官方语言"现象及语言政策［J］．东南亚研究，2015（3）：103-107．

［8］Rufina C. Rosaroso，Cherile Yap，Sunliegh Gador. Current Initiatives on Internationalization of Education in Selected Higher Education Institutions in the Philippines［J］. Asia Pacific Journal of Education，Arts and Sciences，2015（9）．

［9］邹长虹，尹少君．菲律宾语言政策及其对中国外语教育政策的启示［J］．社会科学家，2016（4）．

［10］李亚玲．菲律宾语言教育政策的历史演变及启示［J］．外语教学与研究，2011（9）．

［11］黄建如，柯莉群．菲律宾高等教育国际化的实践与利弊［J］．东南亚纵横，2012（2）．

［12］PatKillingley，Dr Janet Ilieva. Opportunities and Challenges in the Internationalization of the Philippine Higher Education Sector［EB/OL］. https：//www. britishcouncil. ph/sites/default/files/opportunities_ and_ challenges_ in_ the_ internationalisation_ of_ philippine_ higher_ education_ sector. pdf，2015．

第八章　伊朗商务英语教育发展

一、导论

　　伊朗伊斯兰共和国简称伊朗，位于西亚，属中东国家。东邻巴基斯坦和阿富汗，与土库曼斯坦接壤，西北与阿塞拜疆和亚美尼亚为邻，西接土耳其和伊拉克。中北部紧靠里海，南靠波斯湾和阿拉伯海。国土面积约 1648195 平方公里，世界排名第十八。目前人口已超过 8200 万人（2017 年），人口最多的城市就是首都德黑兰。

　　历史上的伊朗是个文明古国。公元前 550 年，建立了世界历史上第一个领土横跨欧亚非三洲的波斯帝国。公元前 247 年建立安息帝国，7世纪后异族先后入侵。18 世纪前期，纳迪尔沙推翻外族统治建立阿夫沙尔王朝。19 世纪后期起，英国和俄罗斯势力不断侵入。1925 年建立巴列维王朝。1979 年成立共和国，实行政教合一制度。

　　在教育方面，目前伊朗实行中、小学免费教育；重视高等教育，并于 1989 年制订高等教育 5 年发展计划，政府通过提供贷款和给予物质、政策支持等措施鼓励民办高等教育。6 岁以上受教育人口占全国人口的82.5%。共有高等院校 346 所，大学生近 340 万人。德黑兰大学是伊朗著名的高等学府。

二、伊朗教育发展概况

上面部分已经提到了目前伊朗的人口超过了 8200 万人，90% 以上的人信仰伊斯兰教，甚至可以说 99% 的人信仰伊斯兰教，大多数人信仰什叶派，边界地区人民信仰逊尼派，但是数量特别少。

伊朗的官方语言为波斯语，波斯语已有超过 2500 年的使用历史，留下了可观的文献记录。

目前在伊朗人们学得最多的语言包括阿拉伯语与英语，阿拉伯语在伊朗的中学算是一门必修课，所有的学生必须学会阿拉伯语的语法与如何正确地读阿拉伯语的文章，虽然很多外国人认为阿拉伯语跟波斯语没有什么区别，但是实际上区别挺大，这两种语言里面的字是一样的，但是读的方法甚至有时意思也会完全不同，这就像英语和法语的区别，或者中文和有的日语的区别，可能知道中文的人到日本可以认识很多字，但是最后读出来的声音或意思会跟中文完全不同，波斯语和阿拉伯语的区别也是如此，伊朗人可以非常流利地读一篇阿拉伯语的文章，但是有可能不知道大部分词的意思是什么。所以来到国外第一个需要解释的事情就是波斯语与阿拉伯语的区别。

另一个学阿拉伯语的原因就是《古兰经》，由于伊朗是伊斯兰共和国，大部分的人信仰伊斯兰教，所以应该学会如何正确地读《古兰经》，甚至读的时候要知道内容的意思，所以从中学开始在所有的学校阿拉伯语是一门必修课。值得一提的是，这门课对很多伊朗的学生来讲算是最难的课之一，因为阿拉伯语特别复杂的语法与波斯语还有很大的区别。

学英文的道理很简单，因为目前英文算是世界上最普遍且最有用的语言，所以人们都在努力学，在伊朗，英文也是从中学一年级开始的一门必修课，所有上学的人到了中学就得学英文，但是学校里学的英文只是一些基本的词语和语法而已，为了能够流利沟通或专业学英文必须在学校外的一些私人英语学校报名才能把英文学好。

伊朗教育机构每几年都会有一些整体的改变，几乎每 5 年国家教育部会采取新的教育方案和措施来测试，到现在还没有一种稳定教育机构。具体来讲，15 年前，6 岁的儿童开始上一年的幼儿园，7 岁开始入学，5 年小学，3 年初中，4 年高中，然后通过高考可以上大学，但是后来这个系统有了一些变化，有时候小学改成 6 年，初中和高中混在一起改成 6 年，这样会有前 6 年和后 6 年，但是这个系统过了一段时间也改变了。目前国家使用的教育机构是 6 年小学，3 年初中，3 年高中，高中第 4 年改成了选修，不是必须得读，高中第 3 年就可以拿到学历，但是为了参加高考或上大学还是必须读高中第 4 年。

高中第 1 年所有的学生必须选择自己的学习方向，能够选择的方向包括数学与物理、文学、理学、工业学，最流行和最受欢迎的方向就是数学与物理方向，因为将来可以更容易上大学与就业。

三、伊朗商务英语教育发展总论

在伊朗的上一个历史阶段，成为伊斯兰共和国之前，大约 40 年前，伊朗当时的国王非常强调人们要更关注学一门外语，而且提供了很多免费专门学语言的学校，教英语和法语。当时伊朗和欧洲与美国的关系算是历史上最亲密的阶段，所以很多人去美国留学非常容易，或至少有两个学期在美国学英文，所以目前很多人提到一个问题，即现在伊朗会英文的人比 40 年前少了，这种现象在伊朗的每个家庭中也能看到，现在一个孩子的爸爸可能英文不是特别好，但是孩子的爷爷英文挺好。

上面提到了目前人们不能只依靠在初中或高中的英文，为了学会英语必须参加一些专门教英语的私人学校课程，这种学校在伊朗所有的城市、所有的地区都能找到，每个学期一般 2~3 个月的时间，费用也不高，可以体验 100% 英语的环境，进教室里就不能说波斯语，只能说英语。

这种学校有很多不同的课程，也有很多不同的英语的学习方向和专业，如法律英语、商务英语、新闻直播英语、日常生活英语等。目前最流行的方向就是商务英语，很多年轻人出于工作需求开始更专业地学商务英语，而且更多的学校提供这种课程。

还有一种专业学英语或更专业学商务英语的办法就是上大学。在伊朗的很多大城市有一些大学提供专业英语的教育，也包括商务英语，可以从本科开始学到博士，目前一部分人为了做翻译选择这种学校，也有一部分人为了非常专业地学英语的一个方向，如商务英语来选择这种大学。一般这样的大学是私人的而不是国家提供资助的免费大学，一般学费比较高，但是最大的优点是不需要通过高考，甚至高考成绩非常低的人也能够参加。

四、伊朗商务英语教育政策概况

根据上面所提到的信息，在伊朗，每个孩子从初中一年级就可以开始学英语，伊朗的英文教材是在 1938 年（波斯日历 1317 年）写的，并开始教给初中与高中的学生，那些教材 23 年以来一直没有变化，一直到 1961 年（波斯日历 1340 年）才有了一些基本的变化。后来伊朗的教育部决定，由于语言的日益变化，所有的英语教材必须每 20 年更新一次，这样就可以学到最新的知识。

自 2001 年以来，伊朗教育部为了学生能更好地掌握英语，每年提供一些光盘，这样学生在学校或在家也可以学习英语，多练习自己的口语和口音。

一个值得一提的遗憾是小学英语教育。很多父母认为孩子从小学开始学英语的话效果和速度会好一点，但是伊朗教育部与国家领导直接反对了这个意见，他们认为英语教育必须从初中开始到高中，甚至有的私人小学已经开始教英语的都被禁止继续教英语，这样全国统一总共学6年的英语。

但是目前在伊朗最普遍的问题就是在学校上课时学了6年的英语，但是连一句流利的英语也不能说，因为在学校只会学非常基本的语法与一些非常基本的词语，很少会有口语练习，所以很多学生为了提高自己的口语能力就必须通过校外的一些私人学校来学习。

目前，在伊朗要学习专业的英语，尤其是商务英语只能通过一些专门教语言的大学或者通过私人的英语学校进行学习，15年前在伊朗几乎没有专业教英语的大学或学校，但是由于人们越来越对英语感兴趣，同时也有很多人要学专业的英语，如法律英语或商务英语等，首先一些私人的学校开设了专业的课程，几年后国家发现确实有很多人对这种教育感兴趣，大学就开始有专业了，在很多大学都可以学到专业的商务英语了，可以短期学也可以长期作为本科或研究生甚至博士生专业来学习商务英语，并且学过这些课程的学生对这种教育十分满意，学几年就可以变得非常专业，而且他们都提到了可以完全有国外环境的体验，感觉不是在国内学英语，因为大学的老师全都是在美国或者英国接受培训的。

五、伊朗商务英语教育项目概况

根据上面所提到的，在伊朗，英语专业的高等教育从一些私人的小学校开始，一般这些老师都是在英语为母语的国家接受培训的，然后在这些学校开始当教师。过一段时间，由于人们越来越感兴趣，这种学校的竞争日益激烈，所以为了更吸引学生，他们就跟世界各大学签了合作协议。如目前在伊朗的很多私人学校跟牛津大学或者剑桥大学合作，经过一年或者两年的学习就可以获得这些著名大学提供的学位证明书。下面举几个例子：

例子1：寻求进入国际市场，在大型国际公司招聘，升级业务和拓展业务的人都需要参加商务英语课程，尤其是剑桥大学提供的 BEC 课程，即 Business English Course。经理人也可以提升公司的质量，在竞争激烈的市场中自我组织和最佳竞争将鼓励他们的管理力量完成上述课程。

伊朗—澳大利亚英语语言中心一直在组织 BEC 课程，以提高商业领域的英语专业知识。该课程使用市场领导者书籍，提供 5 个等级——补充阶段、初级、中级、高级、专业课程，一般每个学期包括 16 周的课，每次 5 个小时，总共 48 次课。伊朗—澳大利亚外语中心在此期间结束之后和 BEC Mack 审查科学部提供的可靠证书，证明具有官方翻译能力并向相关组织和当局介绍。

例子2：目前在伊朗有一种新的教育方式叫作 BTGBEI（Blended Task-based General Business English Instruction），中文叫作基于混合任务的通用商务英语教学。BTGBEI 自 2006 年起应伊朗德黑兰 SAPCO 培训供应部（供应汽车零部件公司）的要求开发和实施。这种教育方式在伊朗有接近 5 年的经验，并在各种私人学校甚至大学被使用。

在 BTGBEI 方法中，学习者积极参与配对（在商业社交中）和小组任务（在商业社交和会议中），并作为谈判者（在商务会议和谈判中）、问题解决者（在商业社交和会议中）参与任务。在所有这些提到的案例中，学习者应该保持创新能力，并突出自己的语言能力。

BTGBEI 的课程主要分为三大类：第一类是 Effective Business，这个专业是经过与牛津大学合作开发出来的项目，所有使用的教材也都是牛津大学出版的；第二类是 Skills, English for Professionals，该方向的教材是学校的老师们自己开发出来的；第三类是 Business Results，该方向使用的教材也都是牛津大学出版的。下面会具体介绍每个类别的课程（见表8-1至表8-3）。

表 8-1　第一系列课程：有效的商务技巧

课程	时长（小时）	开设该课程的数量
有效社交	40~42	18
有效通话	30~60	20
有效会议	42~50	16
有效展示	30	5
有效商务通信	20~22	14

表 8-2　第二系列课程：专业人士的英语（大学指导）

课程	时长（小时）	开设该课程的数量
社交	44	3
通话	44	3
会议	44	3
展示	44	3
商务通信	44	3

表 8-3　有效的商务英语课程

课程	时长（小时）	开设该课程的数量	水平
商务课程（初级）	35~43	9	E1~E3
商务课程（预中级）	35~42	12	P11~P14
商务课程（中级）	42	3	I1~I3

　　每个课程的人数在 18~30 人，所有的教师都是 TEFL M. A 或博士毕业的。

六、伊朗商务英语教育发展趋势

　　虽然英语教育在伊朗有比较长的历史，但是商务英语教育还处在比较初期的阶段。从上面所提到的例子与解释可以发现，商务英语教育在伊朗可以说有最多不到 10 年的历史，这就算是初步阶段。由于目前更多的人想学专业性的英语，尤其是商务英语，肯定会有更多的办法来满足大家的要求，更多的私人学校会有这种专业的商务英语课程，当然更多的大学也会有商务英语专业。大部分是因为目前在伊朗越来越多的人想做贸易，与世界各地的人能够打交道，所以他们觉得只学基本的英语不会满足他们的要求，要学专业性的，尤其是商务方向的英语。

而且英语是伊朗的第二外语，所以人们只是希望不会受到国家的一些限制，很多人知道伊朗与欧洲或者美国存在各种各样的矛盾与问题，每年都有很多新的限制与制裁，这些事情已经部分影响了伊朗人学英语的想法，很多人认为，如果跟一个国家的问题与矛盾日益增加的话，那就没必要学他们的语言，甚至不用来作为专业学对方的语言，但波斯语当中也有一句俗话说"要成功的话，必须学会你敌人的语言"，虽然对伊朗的普通老百姓来讲国家没有敌人，但是这种想法还是存在的。

从目前的情况来看，在不久的将来，商务英语教育在伊朗会有很大的进步，越来越多的地方可以学习，由于这方面竞争力会日益增加，所以学费等问题也会减少。

七、结语

伊朗是"一带一路"沿线的重要国家之一，这样就会跟很多国家更顺利地做贸易，做贸易越多，语言的需求也就会一直增加，尤其是专业方面的语言，即商务英语。这几年伊朗的商务英语教育已经有了非常好的、非常快的发展，只是国家与政府也应该更多支持这样的项目，这样给国家带来的好处也会越来越多，培训专业的人就会给国家带来更多的利益。甚至国家可以提供一些奖学金或者跟外国的一些著名大学签合作协议，感兴趣的学生可以更容易到国外学专业方面的语言、专业方面的商务英语，或者让外国的商务英语专家到伊朗做一些讲座，这样会使更多的人对学商务英语感兴趣。

参考文献

［1］ Harriman，G. What is Blended Learning? E－Learning Resources ［EB/OL］. http：//www. grayharriman. com/blended_ learning. htm，2004.

［2］ Richards，J. C. & Rodgers，T. S. Approaches and Methods in Language Teaching（2nd Ed. ）［M］. Cambridge Language Teaching Library，2001.

［3］ Sharma，P. & Barrett，B. Blended Learning：Using Technology in and beyond the Language Classroom ［M］. Oxford，England：MacMillan，2007.

［4］ Smith，D. G. & Baber，E. Teaching English with Information Technology ［M］. London，England：Modern English Publishing，2005.

［5］ Iran－Australia English Teaching Center. BEC and Market Leader Courses ［EB/OL］. http：//iran － australia. com/fa/lesson. html&catid ＝ 18，2010.

［6］ Ministry of Education of Iran ［EB/OL］. http：//www. medu. ir/fa? ocode＝100010876.

第九章 土耳其商务英语教育发展

一、导论

土耳其共和国，首都为安卡拉，最大城市为伊斯坦布尔，是一个横跨亚欧两洲的国家。土耳其是继中国、印度、俄罗斯、巴西等金砖国家之后又一个蓬勃发展的新兴经济体，在国际社会中享有"新钻"国家的美誉，已成为全球增长最快的经济体之一。

教育目前是土耳其政府预算中最重要的项目。土耳其统计局报告显示，2011~2014年，教育的直接和间接支出增加了54%，从736亿里拉（20.3亿美元）增加到1136亿里拉（314亿美元）。同样，统计研究所的数据表明，作为土耳其总预算的一部分，2006~2013年，教育支出增长了1/3，占比从8.5%增加到12.4%。

土耳其经济实力的提升给其高等教育的发展带来了新机遇。土耳其国民认识到教育是国家的重中之重。正是由于国家的重视，土耳其国内文盲的数量逐年减少。土耳其提供6~14岁的义务教育，总共有大约820所包括大学在内的各类教育机构，学生总数大约为100万人。15所主要的国立大学位于伊斯坦布尔和安卡拉。非义务教育主要由土耳其高等教育委员会负责，并由政府资助。从1998年开始，大学被赋予更多的自治权，并积极和当地的商业机构合作以提高大学的基金。

二、土耳其教育发展概况

土耳其是一个多民族的国家，土耳其人是土耳其最大的民族，约占全国总人口的90%。土耳其是一个具有伊斯兰文化背景和传统的国家，据2017年统计，土耳其的人口是8074.502万人，其中99%的人信奉伊斯兰教。土耳其的国语为土耳其语。

奥斯曼帝国建立之后，历代统治者均把伊斯兰教奉为帝国内占统治地位的宗教。伊斯兰宗教教育机构成为培养帝国各部门人才的重要社会机构。国家正规的伊斯兰教育分为初等教育和高等教育。初等教育为mektep教育，教育内容主要是《古兰经》诵读、宗教知识和道德教育。高等教育指的是medrese神学教育。Medrese神学院曾作为奥斯曼帝国占垄断地位的高等教育机构，但是到18世纪末越来越无法适应当时社会发展的需要。从18世纪后期开始，奥斯曼帝国便酝酿着教育改革，教育体制的现代化、西方化等概念在那时已经成为土耳其社会、政治和教育生活的组成部分。

1923年凯末尔建立了土耳其共和国，土耳其开始向世俗的民族国家发展。在政治、经济、文化、教育的改革过程中，教育得到了充分的重视，也被认为是土耳其教育现代化的真正开端。国家的领导者凯末尔强调："我们最重要的责任是在教育领域取得胜利。"在文化教育方面，凯末尔想学习西方模式，因此，在1924年，凯末尔邀请美国教育学家杜威对土耳其的教育体制提供建设性的意见。在杜威的建议下，土耳其建立了国家领导下的对所有6~14岁的儿童进行义务教育的制度。

土耳其有七个区，共81个省，是一个高度集中的政府体系，因此大多数教育政策都是由安卡拉政府主导的。国家教育部制定政策，监督各级各类高等教育的管理。土耳其正式的教育体制包括学前教育、初等教育、中等教育和高等教育。

学前教育是对 3~6 岁不满义务初等教育年龄的儿童进行的选择性教育。学前教育机构主要有幼儿园、托儿班和实践托儿班。

初等教育是针对 6~14 岁儿童的教育和教学，对所有公民，无论是男孩还是女孩都是义务教育，公立学校是免费的。初等教育机构是提供八年不间断教育的学校，毕业后获得初等教育文凭。在初等教育的八年学习时间中，外语是四门核心课程之一，教授哪种外语因学校而异，最常见的是英语，有些学校教德语、法语或西班牙语而不是英语。一些私立学校同时教两种外语。

中等教育是小学毕业后提供的至少三年的所有普通、职业和技术教育。普通中等教育涵盖 15~17 岁的青少年教育。普通中等教育机构包括高中、外语教学高中、安纳托利亚高中、理科高中、安纳托利亚教师培训高中和安纳托利亚美术高中。

高等教育主要分为两类：一类是由国家出资办立的国立大学，另一类是由私人出资创办的私立大学。国立大学大多集中在土耳其的大城市，如伊斯坦布尔或首都安卡拉。这两类大学都提供本科阶段的教育，包括普通高等学校和四年制的高等职业学院，其中高等职业学院更加注重对学生技能的培养。另外，职业学校还有两年制的，这种学校只有副学士学位，也是进行技能方面的培养。

三、土耳其商务英语教育发展总论

土耳其英语教育起源于 19 世纪坦志麦特时期的教育西方化运动，但真正具有现代意义的英语教育开始于阿塔图尔克（Atattirk）于 1923 年创建土耳其共和国之后。1939 年，国家教育委员会第一次大会首次提及了外语教学议题。1955 年创办的安纳托利亚学校（Anatolian School）将英语作为数学、科学等主干课程的教学语言。从 20 世纪 80 年代中期开始，受全球化影响，英语作为教学语言的学校数量快速增加。目前，土耳其几乎所有私立大学都将英语作为教学语言。

土耳其大学的英语课程主要分为下列五种：

（1）通用英语（English for General Purposes，EGP）。通用英语包括日常社交英语，涵盖所有四种技能，但没有特别的学习或工作应用。

（2）一般学术英语（English for General Academic Purposes，EGAP）。EGAP 是学术英语，旨在教授学术研究所需的技能，但不适用于任何特定领域或研究。

（3）混合 EGP-EGAP。许多机构表示它们教授 EGP 和 EGAP 的混合，通常在预备年度的第一学期进行 EGP，第二学期进行 EGAP，或者对初学者进行 EGP，对中级或高级学生进行 EGAP。

（4）特定用途英语（English for Specific Purposes，ESP）。ESP 是指应用于特定领域的英语，如建筑师、经济学家、牙医等的英语。

（5）职业目的英语（English for Occupational Purposes，EOP）。EOP 涵盖与工作相关的语言技能，如商务电话、撰写商业电子邮件和信件、进行演示、阅读商业报告等。

大多数土耳其大学的课程是通用英语，少数大学会开设一般学术英语。本科的课程大部分都是 EGAP 课程，几乎没有尝试设计基于需求的课程，而这些课程与学生的学科更紧密地结合在一起。只有一所大学在第四年提供职业目的英语课程。在土耳其的大学中，特定用途英语通常被教授为语言支持，通常不承担学分的作用。因此，英语和商科专业的结合可以理解为商务英语类的范畴。

四、土耳其商务英语教育政策概况

土耳其英语教育发展较早，但较长一段时期，土耳其政府并未将外语教育特别是英语教育列为国家教育发展重点工作，直到 1924 年阿塔图尔克政府颁布《国家教育统一法》才拉开了土耳其国家外语教育政策的序幕。这项法律将英语、德语、法语等西方语言纳入国家教育课程体系。1939 年国家教育委员会（国家教育部最高咨询委员会和外语教育决策机构）成立后，英语教育成为国家教育委员会历次大会的重要政策议题。在英语作为教学语言的问题上，土耳其教育部 1957 年首次做出了"英语作为教学语言"的决定。国际国内环境的变化使英语作为教学语言的教育拓展到了学术界几乎所有学科领域。

1996 年，土耳其进行教育改革，教育部对国家外语政策也进行了改革，与高等教育委员会一同提出了"国家教育部发展项目"（The Ministry of Education Development Project）的计划，旨在促进国内公立与私立学校的英语教育。教育改革将义务教育由 5 年延长至 8 年，也就是把中学 3 年也纳入了初等教育，四年级以上的学生学习英语。按照要求，四、五年级的学生每周学习 2 个小时的英语及 6 个小时的土耳其语、六、七、八年级的学生每周学习 4 个小时的英语及 5 个小时的土耳其语。英语在教育领域的使用逐级增加。

2008 年国家教育委员会第 17 次大会建议，在加入欧盟成员国进程中，英语教育应该受到重视，所有学生都应该通过"加速外语教育中心"及网络学习平台等方式至少学习一门包括英语在内的外语。2008 年，土耳其国家教育部又进一步明确了"英语教育熟练水平"政策，为英语教学提供适宜的计划、学习环境、资源、方法和技术，帮助学生开发有效的学习策略，提升学生英语的听、说、读、写能力。

2011 年国家教育部又组织启动了"外语教学提升工程"（Foreign Language Teaching Improvement Project），计划到 2015 年实现将各种英语教学资源融入到学前教育体系中。

在高等教育系统，出于提升大学声望和国际竞争力的需要，2001 年土耳其加入博洛尼亚进程，围绕该进程的目标，在高等教育领域进行了学位对等、国际学术流动等系列改革，推动了高等教育国际化进程。土耳其课程的国际化体现在以英语为教学语言的课程比例、与国外大学开展的课程合作两方面。土耳其大学的教学语言分为全英语教学、全土耳其语教学和双语教学（土耳其语 70%、英语 30%）三种模式。2013 年土耳其大学本科阶段 723 门课程采用全英语教学（15.8%）、123 门课程采用双语教学（2.68%），其余为土耳其语教学。全国 164 所大学中，有 24 所大学 75% 的课程用英语教学。相比之下，用全英语授课的私立大学多于公立大学，英语语言类和工程类课程多于其他课程。在与国外开展课程合作方面，2013 年土耳其的 4574 个专业中，有 17 所大学的 45 个专业在与国外合作（其中，美国 32 个、英国 12 个、塞浦路斯 1 个），合作的课程主要是经济贸易和工程学。

五、土耳其商务英语教育项目概况

通过检索土耳其五所名列前茅的高校——中东科技大学（Middle East Technical University）、海峡大学（Bogazici University）、伊斯坦布尔科技大学（Istanbul Technical University）、萨班齐大学（Sabanci University）、土耳其花园城市大学（Bahcesehir University）的商科类专业的网站，我们会发现：

（1）土耳其大学一般设立了外国语学院，这个学院不同于国内大学会教授各种世界语言，而主要是类似于预科英语课程的学习。大学的跨学科教育体系使初期的英语准备和培训尤为重要。每年 5%～25% 的大学生可以直接进入本科课程，因为他们在大学入学考试中表现良好，或者他们在公认的国际英语语言考试中有一定的分数。而大多数学生需在外国语学院完成英语课程。在大多数大学里，如果学生在内部考试中取得一定的分数，他们可以在每学期结束时从外国语学院"毕业"。外国语学院允许所有学生探索语言学习方面的潜力，并为此提供任何学术和个人支持。

（2）经济管理学院基本是每所重点大学的常设学院，由于大学的教学语言基本都是英语，其下属的商务管理、国际贸易与经济、管理工程都属于商务英语教育的范畴。在这些专业的本科或者研究生阶段的学习中，土耳其大学鼓励所有大学生参加国际交流项目，接受全球教育并认识不同的文化。欧盟"伊拉斯谟"（Erasmus）项目是欧共体 1987 年启动的"大学生交换计划"（European Community Action Scheme for the Mobility of University Students），目的是在大学间建立联系，为欧洲国家的学生流动项目提供资助。2004 年土耳其正式加入，当前土耳其几乎所有大学都参与了该项目。

参加"伊拉斯谟"和其他交流项目可确保大学生在社交和专业商业生活中以更好的方式做好准备。对世界各地商学院的最明显的追求，特别是在过去 10～15 年，一直就是"教育的国际化"。商业领域是受快速全球化、通信技术创新及地方和全球经济结构调整影响最大的领域之一。比如，中东科技大学和纽约州立大学宾汉姆顿分校共同合作工商管理专业的项目——Business Administration（METU-SUNY Binghamton）。纽约州立大学具备全球首屈一指的 AACSB（国际商管学院促进协会）认证，代表商学教育达到世界级水平。根据该计划，宾汉姆顿商学院（管理学院）为中东科技大学的学生提供合作的机会，使用美国最好的管理教育认证的学习体系。同时学生有幸在两个不同的校园中体验文化的多样性和丰富性。参加该项目的学生在他们受教育的第一年和第三年在 METU 学习，第二年和第四年在 SUNY Binghamton 学习。学生参加该计划是在中东科技大学的框架内进行的，该大学的规定和大学学术委员会的决定是课程和学科的基础。成功完成课程的学生将获得 METU 和 SUNY 分别颁发的两个文凭（见表9-1）。

表 9-1　教育国际化项目实施计划

Preparation	1st Year	2nd Year	3rd Year	4th Year
METU	METU	SUNY Binghamton	METU	SUNY Binghamton

六、土耳其商务英语教育发展趋势

博洛尼亚进程是土耳其高等教育改革的重要节点，土耳其教育的国际化也日趋显著。虽然博洛尼亚进程并没有统一规定签约国的大学必须以英语作为教学语言，但是由于英语是国际通用语言，它不但能让土耳其教育适应经济全球化，也可以促进大学生参与各种国外的流动项目。因此，土耳其教育界围绕英语作为教学语言的使用展开了广泛讨论，改革大学教学语言、增加用英语授课的课程比重将是土耳其高等教育国际化的必然趋势。

对以英语为第二语言的土耳其来说，商务英语更多是指以英语作为经济学、管理学、会计学等商科课程的教学语言，目前较少出现商务英语类的职业目的英语课程的设置。但是随着土耳其教育改革的不断深化，相信商务英语类的课程也会逐渐得到重视，以便学生更有目的性地学习到相关的职业英语。

七、结语

当前，土耳其已经确立了至 2023 年成为世界第十大经济体的宏伟目标。为达此目标，土耳其需要发展世界一流大学系统，培养世界一流的科学家和工程技术人才。在当前全球化进程日趋深入和英语主导世界语言的时代，土耳其不断改革英语教育的国家层面政策，加强英语教育并提高所有人的英语交际技能，使英语教育更加满足国内外劳动市场的需求，这为土耳其商务英语教育的发展提供了契机。

参考文献

［1］杨晓斐. 土耳其英语语言教育变革与启示［J］. 黄河科技大学学报，2015（1）：111-116.

［2］杨涛，王辉. 土耳其的语言规划目标［J］. 渤海大学学报，2018（3）：21-26.

［3］李爱莲，康叶钦. 博洛尼亚进程以来土耳其高等教育国际化发展研究［J］. 比较教育研究，2016（8）：18-23.

［4］李政云. 博洛尼亚进程中的土耳其高等教育改革［J］. 高等教育研究，2012（7）：104-109.

［5］https：//www. britishcouncil. org. tr/sites/default/files/he_ baseline_ study_ book_ web_ -_ son. pdf.

［6］https：//publications. europa. eu/en/publication-detail/-/publication/6226c3e4-34ef-4142-8801-7aeefb97021f/language-en.

［7］http：//erasmusprogramme. com/.

第十章 约旦商务英语教育发展

一、导论

位于西亚的约旦哈希姆王国（简称约旦）是资源贫乏的"袖珍"国家，国土面积只有 9.13 万平方公里，约旦河在峡谷中流淌，却留下 90% 的国土被沙漠半沙漠所覆盖，410 万人口的口粮主要依靠进口，左邻右舍的阿拉伯国家都靠石油发家致富，唯独它至今没有发现具有重大开采价值的石油资源，只有磷酸盐矿在世界上小有名气。约旦自然环境恶劣，资源匮乏，但人均国民收入却超过 1000 美元，位于发展中国家前列，经济增长速度雄居阿拉伯国家之首，其奥秘在于以教育立国。

约旦 1950 年建国之初一穷二白，文盲率超过 90%，小学少得可怜，中学屈指可数。但它把教育视为百业之柱，教育投入占国家总预算的 8% 以上，国家通过立法实行义务教育、开展教育运动，政府鼓励私人兴办教育，在公立和私立学校间引入竞争机制，走出了一条教育兴邦的道路。教育使约旦成为一个智力出口的国家。在阿拉伯石油富国乃至西方国家都可见到约旦技术人才的身影，他们给约旦经济注入了活力，成为约旦重要的经济支柱之一。

二、约旦教育发展概况

约旦人口约 945.6 万人（2016 年），90% 以上的人信奉伊斯兰教（国教），国语为阿拉伯语，通用英语。1953 年侯赛因继承王位后，以中东地区的石油业为背景，使社会经济迅速发展，人均国民生产总值 4088 美元（2016 年）。为开发人力资源，约旦重视教育，使文盲数减少，国民文化教育水平提高很快，实行九年免费义务教育，强调工作和受教育机会均等。

1964 年的教育法规定，教育目标是培养尊重劳动与民主、具有社会道德和责任感的公民；培养个人的智力和基本技能，使受教育者在体育、智育、社会、情感和精神方面都得到发展；还规定将笃信真主、遵守阿拉伯民族道德、维护阿拉伯国家间的团结和支持巴勒斯坦解放运动作为教育的重要内容。

儿童 6 岁入学，小学 6 年，初中 3 年，高中 3 年。学前教育机构有幼儿园，属私营机构，但根据教育部规章办学。4 岁儿童可自愿入园。各级各类学校课程基本按工业发展和社会需要设置。小学课程有阿拉伯语、宗教、算术、历史、地理、科学、公民、刺绣和艺术。初中亦称预备学校，除续设小学各科课程外，增设社会科学和职业课程。男生必须学习职业科目，女生学习家政课。儿童小学毕业后，绝大多数升入初中。完成扫盲学习者，未超过小学读书年龄，可入小学继续学习。不满 15 岁的少年，经扫盲后教育，可转入初中一年级，学习期间享受免费待遇。高中分普通高中与职业高中。初中毕业生可按志愿升入各种高中，高中一年级设基础学术和文化课程。学生根据这一年的学习成绩和个人志愿分流，分别学习商业、文科、理科三类专业课程。为满足社会对熟练劳动力的需求，政府大力提倡、充实、发展职业教育。普通高中和职业高中学生均可通过国家的中等教育毕业会考进入高等教育机构。高等教育机构包括社区学院和大学。1962 年开始设立约旦大学（设于首都安曼），1973 年建立雅穆克大学（设于北部地区伊尔比德附近），1980 年建立穆塔大学。大学学制为 4～6 年，经费和行政均独立管理。社区学院为两年制，培养中小学教师，亦承担该社区中小学在职教师的培训。所有公立学校（除大学外）均直属教育部领导，经费由国家和地方税收支付。

三、约旦商务英语教育发展总论

英语语言教育自引入以来已经在约旦经历了 50 年左右的历史，和其他阿拉伯国家一样，约旦教育部将英语视为一门极其重要的外语，对英语语言教育的投入极大（Harrison et al., 1975）。约旦教育部不仅将基础教育阶段的英语语言教育提早到一年级，而且规定所有公立学校的英语教师至少要拥有大学本科学历。

在高等教育阶段，英语和阿拉伯语一直是最重要的教学语言，所有大学的所有专业都必须选修英语交流技巧课，科学和医学学科甚至把英语作为主要教学语言。随着经贸和旅游发展，约旦及周边阿拉伯国家劳动力市场对专业英语人才越来越急需。为了适应劳动力市场的需求，以约旦大学为首的高等教育机构开始在大学阶段设立应用英语专业，开设法律英语、旅游英语、科技英语、新闻英语、外交英语、商务英语等特殊用途英语课程。

应用英语专业的设立是约旦商务英语发展的开始和标志。应用英语专业中的商务英语这门特殊用途英语课程是英语学科而非商科下开设的商务英语课程，该课程的目标是使学生熟悉商务语言，重点关注企业架构、会议、求职面试、商务电话、基本的商务写作、营销语言、商务社交等话题。该课程的设立是约旦商务英语教育的开端。虽然约旦商务英语教育还处在初步阶段，相信随着约旦进一步的经济开放和发展，商务英语作为专业英语会得到长足的发展。

四、约旦商务英语教育政策概况

约旦的英语教育政策经历了几十年的变化发展过程（见表 10-1）。约旦最早英语课程文件在 1965 年出台，主要关注小学和初中阶段的英语教育，规定了两个阶段英语教育的教材。1969 年，该文件重新修订，规定约旦英语教育的主要目的是"通过熟练的英语理解、说、读、写培养有文化、有知识、有用、有感知力的公民"（Ministry of Education，1969）。2001 年前，公立学校的英语教育开始于五年级，私立学校的英语教育开始较早，通常一年级甚至幼儿园已经开始。2001 年，约旦教育部规定公立学校的英语教育从一年级开始，这意味着英语教育在义务教育阶段从之前的 8 年延长到 12 年，与约旦的官方语言约旦语具有同等地位（Al-Khatib，2008）。2005 年，约旦教育部修订英语教育政策，将英语视作工作人员获得职业成功的工具（Ministry of Education，2005）。

表 10-1　约旦英语教育政策变化史

年份	英语教育政策变化
1965	关注小学和初中阶段的英语教育，规定了两个阶段英语教育的教材
1969	规定约旦英语教育的主要目的是"通过熟练的英语理解、说、读、写培养有文化、有知识、有用、有感知力的公民"

年份	英语教育政策变化
1984	指明了英语语言的功能，推崇兼收并蓄的教学方法，强调了英语作为约旦与外界沟通方式的角色："英语是促进约旦与外界联系、理解和合作的途径，是约旦与外界交流、向外界解释和宣传自己的媒介。"确认了英语在约旦国家发展中的角色："部分约旦人对英语的掌握对国家的经济、教育、科技发展至关重要。"
1987	规定所有学校的老师至少要有大学本科学历
1990	采取交际法进行语言教学，并重新规定了小学阶段的英语教学目标：能够使用英语语音系统，即理解英语母语者正常语速的简单口语；能够有效地理解、交流并调用相应的概念和语言功能，比如打招呼、请假、礼貌语等；阅读并理解故事、描述、说明文等普通体裁的英语文本，词汇量达 4000 字；掌握英语字母及其组成规律，正确使用英语发音系统及拼写，正确撰写语法正确的英语句子和结构完整的英语段落
2001	规定公立学校的英语教育从一年级开始，这意味着英语教育在义务教育阶段从之前的 8 年延长到 12 年
2005	修订增加教学目标：有效运用信息技术及相关语域；培养对待英语语言的正确态度并意识到英语作为国家间互相交流、理解及个人职业发展工具的重要性

约旦学校进行英语教育的历史可以追溯到 20 世纪 20 年代，主要出现在 Karak、Salt、Irbid 等城市，当时并没有指定的课程和教材，教学主要使用语法教学法。60 年代，最早的英语课程政策列举了教授英语的总体和具体目标。政策规定，小学教育阶段后，学生要能够理解正常语速的简单口语，能进行特定领域的正常交流，能流畅阅读简单的英语文本，能用英语写完整段落；中学教育阶段后，学生要能理解不同语境的英语口语，能正确表达英语口语，能流畅、准确地阅读和理解英语，能撰写英文文章，能够培养专业工作所需的语言技能。虽然这个阶段的教材主要关注语言结构，教学法以视听法为主，但目标反映了约旦意欲培养英语语言人才的愿望，这与劳动市场的动态变化息息相关。

60～70 年代教育者对英语语言教学的不满促使 1984 年新语言政策的诞生，该文件指明了英语语言的功能，推崇兼收并蓄的教学方法，强调了英语作为约旦与外界沟通方式的角色："英语是促进约旦与外界联系、理解和合作的途径，是约旦与外界交流、向外界解释和宣传自己的媒介"（Ministry of Education，1984）。此外，政策确认了英语在约旦国家发展中的角色："部分约旦人对英语的掌握对国家的经济、教育、科技发展至关重要。"1987年，约旦召开了一场极为重要的教育改革会议，会议后教育部规定所有学校的老师至少要有大学本科学历，这给英语教育带来了积极影响。1990年，教育部颁布新的语言政策，采取交际法进行语言教学，并重新规定了小学阶段的英语教学目标：能够使用英语语音系统，即理解英语母语者正常语速的简单口语；能够有效地理解、交流并调用相应的概念和语言功能，比如打招呼、请假、礼貌语等；阅读并理解故事、描述、说明文等普通体裁的英语文本，词汇量达4000字；掌握英语字母及其组成规律，正确使用英语发音系统及拼写，正确撰写语法正确的英语句子和结构完整的英语段落（Ministry of Education，1990）。2005年，教育部再次修订增加教学目标：有效运用信息技术及相关语域；培养对待英语语言的正确态度并意识到英语作为国家间互相交流、理解及个人职业发展工具的重要性。这反映了约旦英语教育越来越关注市场的需求，也为商务英语在高等教育阶段的萌芽和产生奠定了政策基础和导向（Ministry of Education，2005）。

在高等教育阶段，特殊用途英语拥有悠久的传统。自从1962年建立约旦大学以来，英语一直在高等教育中扮演着重要角色，英语一直是约旦大学的科学学科的教学语言，全国第一个英语系也在约旦大学建立。1976年，雅尔穆克大学也建立了英语系。目前，约旦的27所大学中，科学系和医学系都以英语作为教学语言，英语和翻译系也不断建立和扩展。英语在高等教育阶段的重要性同时也体现在大学的要求，自从90年代后期，所有的大学专业都必须选修两门英语交流技巧课。而且很多大学设置了英语语言文学、翻译和语言学硕士项目。最近，约旦大学重启了它的英语语言文学博士项目。约旦教育部还将托福213分或雅思5分作为研究生的录取要求和研究生人文社科系的毕业要求。近年来，工作市场对英语的重视促使约旦大学和约旦科技大学分别创立应用英语本科项目，培养适应约旦及邻近阿拉伯国家市场需求的专业人才。应用英语本科生在校期间需学习多种专业英语，包括旅游、银行、媒体和出版、商务等。这成为约旦商务英语教育开始发展的标志。由于激烈的竞争和市场的认可度，约旦的其他大学也很可能在未来陆续设置该项目。

五、约旦商务英语教育项目概况

约旦大学是约旦首个设立应用英语专业的高等教育机构，该专业的建立是为了满足约旦及周边阿拉伯国家日益细化的劳动力市场需求，旨在培养具有专业英语运用能力的英语人才，该专业下设有商务英语课程，是约旦商务英语教育开始的标志。

商务英语课程的开设是为了使学生熟悉商务语言，重点关注企业架构、会议、求职面试、商务电话、基本的商务写作、营销语言、商务社交等话题，主要的学习目标包括：提高学生在职业、商务、社交和正式场合使用合适语言的意识；提高学生在商务会议及讨论、社交应酬等工作场景下的交际技巧和英语使用能力；拓展商务相关的词汇量；提高处理商务金融等专业领域语言结构和语言功能的能力（见表10-2）。在成功完成该课程后，学生应获得相应的预期学习成果（见表10-3）。

表10-2 约旦大学商务英语课程基本信息

课程基本信息	具体内容
课程描述	使学生熟悉商务语言，重点关注企业架构、会议、求职面试、商务电话、基本的商务写作、营销语言、商务社交等话题

课程基本信息	具体内容
课程目标	提高学生在职业、商务、社交和正式场合使用合适语言的意识；提高学生在商务会议及讨论、社交应酬等工作场景下的交际技巧和英语使用能力；拓展商务相关的词汇量；提高处理商务金融等专业领域语言结构和语言功能的能力。在成功完成该课程后，学生应获得相应的预期学习成果

表 10-3　约旦大学商务英语课程预期学习成果

预期学习成果	具体项目
基础知识	1. 掌握与商务工作相关的语法 2. 掌握与商务相关的词汇 3. 掌握与商务工作相关的技能：汇报信息、参与会议、描述程序、推荐和建议、社交 4. 高效阅读商务文本
分析和认知技能	1. 参与特定主题的交际活动 2. 参与解决商务问题的语言活动
商务技能	1. 灵活使用语言结构 2. 商务工作沟通技能 3. 商务工作相关词汇——电话、邮件
关键技能	1. 减少第二语言沟通焦虑 2. 商务情景下的沟通技能 3. 增加商务沟通的自信

六、约旦商务英语教育发展趋势

约旦商务英语发展还处于初步阶段，发展的广度和深度还有待提高。但是，对大部分以英语为第二语言的国家而言，商务英语更多是指以英语作为经济学、管理学、会计学等商科课程的教学语言，或者多是培训机构主导的培训项目。约旦是少有的在高等教育阶段将商务英语作为应用英语专业的下设课程，以商务语言教育为主体的国家，这具有开创性的意义，并且与约旦经济的逐步对外开放，以及其旅游业的发展和周边国家的劳动力市场需求密切相关。随着约旦经济的对外开放性不断加深，约旦大学等一批高等教育机构应用英语专业的市场认可度不断提高，约旦商务英语教育会逐渐走向专业化和学科化，相关的专业建设甚至专业研究会不断发展。

七、结语

约旦作为阿拉伯国家中对教育投入最多、切实实施"教育兴国"战略的国家，对英语教育一直极为重视，而且不断改革英语教育的国家层面政策，使英语教育更加满足国内外劳动市场的需求，这为约旦商务英语教育的发展提供了契机。约旦经济特别是旅游业的不断发展也为商务英语教育的萌芽提供了土壤。约旦高等教育机构的应用英语专业应运而生并呈现出不断扩展的趋势。在应用英语专业下设商务英语课程是约旦商务英语教育发展的主要形式，虽然还处于初步发展阶段，但随着内外部条件的不断成熟，相信约旦商务英语教育发展会不断深化，这也为我国商务英语教育提供了一定的参考和借鉴。同时，随着"一带一路"倡议的深入实施，相信这也为两国商务英语教育的合作提供了契机。

参考文献

［1］AI-Khatib, Mahmoud. Innovative Second and Foreign Language Education in the Middle East and North Africa ［A］//Nelleke Van Deusen-Scholl and Nancy H. Hornberger（eds.）, Encyclopedia of Language and Education. Volume 4：Second and Foreign Language Education（2nd ed.）［M］.

New York: Springer Science, 2008: 227-237.

[2] Harrison, William, Prator, Clifford and Tucker, G. Richard. English-language Policy Survey of Jordan: A Case in Language Planning [R]. Virginia, VA: Centre for Applied Linguistics, 1975.

[3] Jihad M. Hamdan and Wafa A. Abu H Aatab. English in the Jordanian Context [J]. World Englishes, 2009, 28 (3): 394-405.

[4] Ministry of Education. English Curriculum: Compulsory Stage [R]. Amman: Ministry of Education, 1969.

[5] Ministry of Education. English Curriculum: Secondary Stage [R]. Amman: Ministry of Education, 1971.

[6] Ministry of Education. English Language Curriculum: Compulsory Stage [R]. Amman: Ministry of Education, 1984.

[7] Ministry of Education. English Language Curriculum and Its General Guidelines for the Basic Education Stage [R]. Amman: Ministry of Education, 1990.

[8] Ministry of Education. General Guidelines and Curricula for the Basic and Secondary Stages [R]. Amman: Ministry of Education, 2000.

[9] Ministry of Education. General Guidelines for English Subject. And General and Specific Outcomes for the English Language Curriculum [R]. Amman: Ministry of Education, 2005.

第十一章 哈萨克斯坦商务英语教育发展

一、导论

哈萨克斯坦位于中亚，人口数量为 1779.7 万人（2016 年），国土面积为 272.49 万平方公里，居世界第九位，同时也是世界上最大的内陆国。1991 年苏联解体，哈萨克斯坦获得独立地位，自此建国。建国 20 余年来，依靠自由市场化改革和丰富的油气资源储藏，哈萨克斯坦发展成为中亚地区最富裕的国家。哈萨克斯坦是世界第十八大产油国，产业结构方面，哈萨克斯坦的 GDP 中有将近 20% 来自资源开采类产业。哈萨克斯坦是一个多民族国家，由 131 个民族组成，其中哈萨克族占 66%，俄罗斯族占 21%，还有乌兹别克族、乌克兰族、白俄罗斯族、德意志族、鞑靼族、维吾尔族、朝鲜族、塔吉克族等民族（2014 年）。

哈萨克斯坦自然资源丰富，但国家领导层希望哈萨克斯坦不仅是一个资源出口型国家，而且是一个能够以科学技术立国的国家。因此，教育事业在哈萨克斯坦国受到高度重视，根据联合国教科文组织的数据，哈萨克斯坦 1997 年的教育支出占到国家 GDP 的 3.44%，到了 2018 年，教育支出占到了政府总开支的 5% 左右。此外，总统更是定下了在 2020 年前将 2 所哈萨克斯坦大学发展成为世界排名前 100 的知名大学的目标。在这一背景下，我们对哈萨克斯坦的商务英语教育发展概况做一个简单介绍。

二、哈萨克斯坦教育发展概况

哈萨克斯坦的教育体系包含了四个层次，即初等教育、中等教育、高等教育和研究生教育。哈萨克斯坦的学前教育是非义务性质的，家长可以将孩子送进国立或者私立的幼儿园，接受基础的书写和阅读课程。哈萨克斯坦实行九年义务制教育，儿童到达六岁即可入学。根据联合国教科文组织的报告，哈萨克斯坦年龄在 15 岁以上的国民识字率为 99.78%（2010 年），可以说基础教育的普及已经比较成功。

普通初中等教育是教育体系的基础环节，由三个阶段构成，即小学教育 4 年、初中教育 5 年和高中教育 2 年。小学教育与初中教育属于义务教育，学生在初中毕业后可以选择继续读高中，或者选择进入职业技术学校。职业技术学校的学费由国家负担，学生在这里接受 3~4 年的训练，学习一般职员或工人的专业技能。高等教育方面，学生完成了普通高中、职业技术学校或其他形式的中等教育之后可以在竞争的基础上获得免费的高等教育。

哈萨克斯坦自独立后，高等教育发展较为迅速。根据哈萨克斯坦统计委员会的数据，在 2017~2018 年，哈萨克斯坦 122 所大学共招收了超过 49 万名学生，其中 85.3% 的学生是自费生，14.7% 的学生是由国家资助的。哈萨克斯坦教育法规定，高等教育包含三个层次，即基础高等教育（4 年的学士学位项目）、四年专业高等教育和高等科学教育（2 年的硕士学位项目）。研究生教育分两个阶段：研究生（3 年）和博士（3 年）。截至 2015 年，哈萨克斯坦共有 131 所高等教育机构，这些学校根据资金来源的不同分为公立学校和私立学校，根据所有权的不同分为国有学校、企业学校、国际学校或自主学校。

三、哈萨克斯坦商务英语教育发展总论

哈萨克斯坦是一个十分年轻的国家，建国至今不过 20 余年，商务英语在哈萨克斯坦的发展仍处于起步阶段。在哈萨克斯坦，学校的教学语言主要为哈萨克语和俄语，部分学校使用乌兹别克语、维吾尔语或塔吉克语作为教学用语，少数学校使用全英语教学（2017 年）。一份 2009 年的调查结果显示，15.4% 的哈萨克斯坦公民能部分听懂英语，2.6% 的人能无障碍阅读英语，7.7% 的人能用英语写作和阅读。这一数据说明英语在哈萨克斯坦的普及度较低，民众对英语和商务英语的掌握较少，哈萨克斯坦的整体英语发展水平仍待提高。

近年来，随着哈萨克斯坦公民商业活动的增加和对外经济关系的增长，英语在哈萨克斯坦的国际商务交流中得到了积极的应用。这一点也反映在市场对英语专业人士的高需求。例如，101 个招聘广告中有 98 个需要熟练掌握英语。此外，2003 年在报纸上刊登的广告中有 40% 是用英文出版的。50 多个外国驻外使馆和代表处、700 家外国企业和 1500 家国际公司代表处的活动需要英语进行商务沟通，因此英语特别是商务英语越来越受到重视。

四、哈萨克斯坦商务英语教育政策概况

哈萨克斯坦原本承袭的是苏联的高等教育体制，因而学制与西方国家现行高等学制不一致，得不到国际承认，不能与国际接轨。为了改变现状，哈萨克斯坦政府决定进行高等教育学制改革，采用欧盟正在实行

的"波罗尼体制"（2012年）。自从2010年获准成为"波罗尼进程"正式成员国以来，哈萨克斯坦使用英语教学的教学项目显著增加，目前有大约40所大学使用英语作为部分教学项目的教学用语，这部分项目占到了教学项目总数量的30%以上。

为了更好地融入全球经济体系，哈萨克斯坦政府正积极推行"三位一体"文化项目框架内的政策。在2011年1月28日哈萨克斯坦人民年度讲话中，纳扎尔巴耶夫总统提到："对于哈萨克斯坦的现代公民来说，熟练掌握三种语言（哈萨克语、俄语和英语）是实现个人幸福的必要条件。"根据《哈萨克斯坦发展战略》所定下的目标，哈萨克斯坦国家的英语使用者占本国人口的比例到2014年前要达到10%，2017年前要达到15%，2020年前要达到20%（Hasanuly，2001）。

五、哈萨克斯坦商务英语教育项目概况

由于商务英语在哈萨克斯坦的发展仍处于起步阶段，开设商务英语课程的学校数量有限，在此我们以具有代表性的阿拉木图管理大学的商务英语课程为例来一窥哈萨克斯坦商务英语教育项目的全貌（见表11-1）。

表11-1　商务英语课程简介

课程描述	本课程是为俄语和哈萨克语系的三年级学生，阿拉木图管理大学的专业区域研究课程设计的。该课程包含一些关于地区历史、地理、文化背景和英语国家的一般语言—文化观点的理论材料，英美等国的政治和社会因素。区域研究（侧重于该地区）与全球化研究（不可避免地采取更广泛的视角）之间的相互作用有望成为未来几年该领域最富有成效的知识交流之一
前提条件	（中级或以上）英语基础技能（听、说、读、写）
后前提条件	掌握前提条件中列出的技能，有助于学生更进一步地获得专业英语的知识，以及在英语环境下与外国同事或客户共事

在学习过程中，学生应熟悉并学习的课程知识包括区域研究的基本话语和术语，历史、地理和文化的背景，语言—文化方法。

在学习过程中，学生应该做到表 11-2 所列的几点。

表 11-2　商务英语能力培养

阅读	找出并理解所需的特殊信息。阅读和理解报纸、杂志和互联网上有关不同商务问题的文章
听力	听懂商务对话和纪录片，以口头或书面形式复制细节，在手机上接收和发送信息
发言	与客户和同事打交道，通过电话交换信息和解决问题，通过电子邮件发送信息，领导和影响跨文化会议的结果，团队展示和提供有效的个人演示，谈判，在专业的话题上表达得体的观点，在专业和社交场合作为自立的发言者进行交流

六、哈萨克斯坦商务英语教育发展趋势

在经济全球化的时代背景下，一个国家的经济发展务必会受到外部条件的影响，对于哈萨克斯坦这样一个刚完成市场经济改革中的国家，更好地融入世界经济体系是实现其国家经济更快发展的必由之路。当今世界，英语在通用商务用语中仍然占据主要地位，因而哈萨克斯坦若想要更进一步融入全球经济就少不了要发展本国的商务英语教育。通过观察哈萨克斯坦的国家语言政策的变化，我们可以清晰地感觉到英语，特别是以商务用途为目的的专门用途英语在哈萨克斯坦的教育体系中受到越来越多的关注。据此我们可以说，在可预见的未来里，哈萨克斯坦的商务英语教育的发展必定会进入快车道。

七、结语

从经济方面到政治方面，哈萨克斯坦都是中亚地区的"领头羊"。作为一个拓展自己影响力的有抱负的国家，哈萨克斯坦把希望投注到了教育领域，将国家的未来与教育的发展紧密结合起来，这与我国的科教兴国战略不谋而合。哈萨克斯坦的商务英语的发展虽然还在起步阶段，但在国内外有利条件的驱动下被提上了日程，将来的发展可期。哈萨克斯坦是"一带一路"沿线国家中关键节点之一，相信将来中哈两国在商务英语方面的交流与合作会越来越多。

参考文献

［1］Ahmetzhanova Z. K. On Some Aspects of Trilingualism. Three Unity of Languages：Problems and Prospects ［R］. The Materials of the Republican Scientific-practical Conference Devoted to the 20th Anniversary of Independence of the Republic of Kazakhstan. Karaganda, 2011：7-10.

［2］Address of the President to the People of the Republic of Kazakhstan "New Kazakhstan in the New World", February, 28, 2007.

［3］Dina Zhansagimva. Culture Smart! Kazakhstan ［M］. 李天扬译. 北京：高等教育出版社, 2017.

［4］Law of the Republic of Kazakhstan. On Languages in the Republic of Kazakhstan（as of the Legislation on March 13, 2000）.

［5］State Program of Education Development in the Republic of Kazakhstan for 2011-2020. Astana, 2011.

［6］Zhetpisbayeva B. , Khan N. & etc. The Standard Program in Basic Russian Language for Nonlanguage Specialties ［M］. Karaganda：Publishing House of Karaganda SU, 2010.

第十二章 罗马尼亚商务英语
教育发展

一、导论

    罗马尼亚位于东南欧巴尔干半岛东北部，人口 2000 多万人，首都为布加勒斯特，是东欧各国中唯一的拉丁民族国家。1947 年罗马尼亚人民共和国成立。1965 年改名为罗马尼亚社会主义共和国。1989 年 12 月 25 日，尼古拉·齐奥塞斯库统治下的罗马尼亚社会主义共和国政权被推翻，之后经济进入高速发展阶段。罗马尼亚是一个发展中的资本主义国家，2004 年 3 月 29 日加入北约，2007 年 1 月 1 日加入欧盟。

    对外贸易在罗马尼亚的国民经济中起着举足轻重的作用。罗马尼亚政府非常重视发展对外贸易，20 世纪 80 年代出口额最高曾达 180 亿美元，1990 年以来，罗马尼亚取消计划经济体制和国家对外贸的垄断，实行自由贸易政策，进一步促进了外贸的发展。罗马尼亚是世界贸易组织、国际货币基金组织、欧洲复兴开发银行、中欧自由贸易协定组织（1997 年起）和其他一些国际经济组织的成员国。为进一步促进对外经济贸易关系并扩大出口市场，罗马尼亚积极参与乌拉圭回合谈判并开放服务贸易；作为世界贸易组织成员国，罗马尼亚享受发展中国家优惠贸易待遇；同欧盟签署联系国协议，以此规范贸易行为并向欧盟靠拢；同欧洲自由贸易协定组织成员国签署自由贸易协议，互相降低关税。此外，罗马尼亚政府同世界上 40 多个国家签订了《避免双重征税协定》和《互相投资保护协定》，为扩大对外经贸合作创造了条件。

二、罗马尼亚教育发展概况

1989 年东欧剧变后，罗马尼亚教育体制处于不断改革中，罗马尼亚教育取得了较大的发展，学校的教学能力有所增强，学生成绩有所提高，形成了完整的教育体系。2012 年，罗马尼亚将义务教育范围扩大至 11 年，涵盖从学前班到高中 10 年级，包括学前班 1 年、小学 4 年、初中 4 年和高中的前 2 年。通过高中毕业会考即获高中结业证书。此文凭是进入大学的先决条件。高等教育含本科、硕士和博士三个培养层次，本科学制一般为 3 年，硕士学制 2 年，博士学制 3 年。2016 年，罗马尼亚全国识字率达 98.8%。

罗马尼亚现有的学制主要分为四大部分：学前教育、初等教育、中等教育和高等教育。其中，学前教育针对的是 3～6 岁的学龄前儿童，主要任务是培养孩子良好的品质和习惯。初等教育采用 8 年制，前 4 年为低年级，后 4 年为高年级，旨在培养学生德智体美的全面发展，高年级还会开设生产技术训练、缝纫、家政等课程。中等教育在 1973 年发生了重大的结构性变革，所有的中学变为分科中学，学生根据专业的不同分别学习相关的知识与技能。高等教育的修业期限是 3～6 年，有大学、学院等，罗马尼亚政府要求高等教育主要培养技能专家，能够迅速适应多变的社会、生活、文化、经济环境。与此同时，罗马尼亚也非常重视教师的考核工作，将教师分为四个等级：见习教师、正式教师、二级教师和一级教师。

但是，罗马尼亚教育存在显著的两极分化现象。一方面，罗马尼亚教育在某些领域如信息技术人才培养方面表现突出。在美国等发达国家的信息产业界活跃着一大批罗马尼亚籍工作人员；罗马尼亚的杀毒软件、黑客等世界闻名。同时，布加勒斯特医药大学的脑外科、泌尿外科，布加勒斯特大学的数学，克鲁日医药大学的胸外科，克鲁日农业和畜牧兽医大学的葡萄酒专业，布加勒斯特音乐大学钢琴、小提琴专业等均达到欧洲领先水平，在国内外享有良好声誉。此外，罗马尼亚有天赋的儿童比例是世界平均水平的两倍，罗马尼亚大学生在世界性的比赛中常有突出表现。例如，罗马尼亚在奥林匹克数学竞赛中的成绩令人瞩目，2012 年 7 月，罗马尼亚在国际奥林匹克数学竞赛中排名欧洲第一，在世界参赛的 100 个国家中排名第十。

另一方面，罗马尼亚教育发展又极为有限，学生的背景对其发展的影响远远超过了学校教育的影响，教育对人才形成的影响甚微，许多学生受教育程度较低，无法在学校获得赖以生存的必备技能。究其原因，罗马尼亚的教育虽取得了长足的发展，但其教育体制与西欧国家相比仍存在较大的差距。如何加大教育投入，全方位提高罗马尼亚的教育水平，也是罗马尼亚政府近年来一直在关注的问题。

自 2007 年加入欧盟，罗马尼亚为了配合欧洲整体的高等教育改革，尤其是签订了《博洛尼亚宣言》和《里斯本条约》后，罗马尼亚的教育体制正在发生显著的变化。《博洛尼亚宣言》提出要建立高等教育区，而《里斯本条约》的目标是在最富竞争性和动态性的知识经济中改革欧洲经济，确保经济的持续稳定增长，让学生拥有更好、更多的就业机会，让社会拥有更强的凝聚力，欧盟 2010～2020 年就业和增长战略、欧盟 2020 战略也对罗马尼亚教育改革产生了积极的影响。2011年，罗马尼亚政府出台了 2011 教育法，对于当前的教育组织架构和运作程序进行了全面规范。该法对罗马尼亚现行教育体系施以大刀阔斧的改革，包括：拓展小学教育时限，将最低入学年龄从 7 岁降低至 6 岁；将教育部的部分职能下放，强化学校董事会的管理职能；在小学预备级学期期末增加对教师的评估，在二、四、六年级学年末对学生进行全国水平测试等。罗马尼亚政府还研究出台了 2015～2020 国家高等教育战略，通过建立职业高中等其他高中拓宽学生升学路径，增加底层社会经济人群的升学机会，提高大学入学率。此外，罗马尼亚的 2013～2015 教育系统反腐败战略旨在巩固反腐败监测程序，呼吁提高打击教育领域腐败的重要性。

三、罗马尼亚商务英语教育发展总论

商务英语教学在罗马尼亚的高等教育中拥有悠久的历史，在过去的几十年里，教师和课程设计者看待商务英语的方式有了很大变化。在 20 世纪六七十年代，专业词汇被认为是通用英语和商务英语的主要区别，当时的教科书旨在以书面文本或者对话的形式提供目标专业词汇，内容涉及特定的主题（如银行业）。这些教科书没有考虑到学习者先前的背景知识，也没有考虑学习者在现实生活中如何正确使用语言。

在 20 世纪 70 年代和 80 年代初，教材开始更加强调商务环境下的沟通技巧。同时，课程、教学大纲都经历了实质性的变化。最初，课程的使用是由经验丰富的教师和商人合作编写教科书，通常教科书里的资料都来自真实的商业交易。由此可见，商务英语教学更加注重功能领域——推荐、表达意见、给出建议、表示同意等。伴随着越来越多的跨国企业在罗马尼亚建立分部，商务英语知识在罗马尼亚的经济大环境中显得越发重要，尤其对于演讲沟通会议技能的需求越来越大。语言的实际运用逐渐胜过语言的理论知识。

专家们在过去的几十年间还区分了商务英语无职业经验学习者和有经验学习者。无职业经验的学习者似乎比有经验的学习者思想更加开放，但可能对自己处理商业问题的能力缺乏信心，因此，对于不同类型学习者的课程设置需要考虑到他们不同的学习经历和背景。

1989 年 12 月，革命结束后，随着罗马尼亚对外开放走向市场经济，罗马尼亚大学的商务英语教学蓬勃发展起来。提供商务英语课程的学院和大学的数量和质量均有所提高。学习商务英语的学生发现自己不仅要学习语言，还要学习做生意的方式。与此同时，另一个重大的变化就是私立大学的出现，罗马尼亚的第一所私立大学成立于 1990 年，究其原因是过去大学的稀缺性和人们想要接受高等教育的强烈愿望。

近十年来，罗马尼亚政府多次召开会议，并两次修订教育法，使教育日益适应本国经济不断发展的需要，教育的经费也在逐年增加。大学一直在努力为罗马尼亚的商务英语学生升级课程。罗马尼亚大学呼吁建立更为系统的商务英语课程。如今的罗马尼亚大学商务英语教学倾向于用英文授课培养商科专业知识，而不是传统的语言技能培养。这也是现在罗马尼亚大学商务英语教学的一大挑战，这需要三个学科之间的共同努力，学科知识、商业实践和语言技能缺一不可。与此同时，罗马尼亚大学尽可能具体地预测学习者的需求，并教授有针对性的学科知识和语言技能来满足学生们的需求。尤其是提供一些可以在课外真实使用的材料，提高口头陈述、演讲、对话、阅读、撰写报告的能力，与真实的现实世界进行更多的有效交流。

四、罗马尼亚商务英语教育政策概况

罗马尼亚高等教育的一大变革就是颁布认证法，通过认证过程引入外部质量评估体系。公立和私立的高等教育机构每五年必须进行一次认证和评估。认证过程主要分为两个阶段：临时授权和完全认证。1993 年，当颁布认证法时，质量评估过程以一种歧视的方式进行，1990 年以前开办的所有公立高等教育机构都自动获得认证，而新成立的公立高等教育机构和私立高等教育机构则需要接受认证程序。同年，168 所私立高等教育机构要求临时授权，但直到 1996 年宣布的私立机构数量仅为 36 所，没能获得临时经营许可的机构大多数关闭了。

1999 年，罗马尼亚与欧洲其他 28 个国家签署了《博洛尼亚宣言》，此宣言旨在建立一个欧洲高等教育区，将欧洲的高等教育推向一个健康的可持续发展阶段。《博洛尼亚宣言》进一步促进了区域间学生的流动，为学生的就业提供了更加广阔的空间。在加入博洛尼亚进程后，罗马尼亚不断完善高等教育质量保障体系、加大财政对学生区域流动性的扶持。在 2005 年，罗马尼亚政府成立高等教育质量保障局，进一步增强了与欧洲国际组织的合作，鼓励学生参与到高等教育的评估机制中。

2006 年，罗马尼亚总统委员会出台了《国家教育协议》，提出了至 2013 年要实现的改革目标，提升高等教育的管理水平。2011 年，罗马尼亚政府又颁布了《国家教育法》，高等教育逐步成为罗马尼亚教育体制改革的核心，鼓励大学之间的合并，以更好地提升大学排名和综合实力。

五、罗马尼亚商务英语教育项目概况

2013 年 11 月，罗马尼亚国家教育部在小学阶段新增了三门选修课，分别是儿童哲学、社会教育和金融教育。金融教育课程的开设也是对欧盟成员国所发起倡议的回应，其目的是教育学生如何进行理财，如何合理进行消费。从这一点也可以看出，罗马尼亚人对金融意识的培养已经从小孩子抓起了。

2000 年，根据英国文化委员会考试中心主任的介绍，这一年罗马尼亚有 13 所双语学校接近 400 名 11 年级的高中生参加了剑桥高级英语证书考试，通过率为 89.54%，由此可见罗马尼亚学生在商务领域的英语基本功实力。

在高等教育方面，1994 年，Mark Ellis 等专家建议在设计商务英语课程时，采用需求分析、学习者的期望等方式，得出一个结论，即无论学生学什么专业，课程的内容应该是一致的。学生们会在最后一年课程中有机会学习专业语言课程来满足他们毕业后所从事领域的特殊需要。这门课程所包含的主题、技能和功能对任何在商业环境中工作的人都是有用的。罗马尼亚高校没有统一的课程教学大纲，教材的选取和教学大纲的设计都是担任课程的教师根据自身经验编写的。而且，并非所有的学生最后都会在他们自己所学习的专业领域工作，我们可以发现在银行工作的会计专业毕业生或者在旅游业工作的市场营销专业毕业生。因此，他们必然需要一门能够帮助他们即将从事的各种领域工作的课程。学生在入学的第一年需要通过笔试，应该至少在 B1 水平，笔试大多数是基于语法知识的多项选择测试，以便能够满足商务英语课程的要求。然后，他们需要继续学习，以便在第三年达到 B2 水平。此外，为了从商务沟通课程中获益，学生们必须先拿到相应的语言证书才能拿到自己的学位证书。

在罗马尼亚，英语已经越来越多地被应用于许多专业课程的教学当中，把英语作为主要的教学语言，采用英文原版教材，如布加勒斯特大学的商学院。罗马尼亚商务英语课程的教学形式主要分为讲座和研讨会，讲座时教师的发言时间一般只占课堂的 1/3，剩余的时间会留给学生们自由讨论发言。在专题研讨会上，教师和学生的角色通常互换，由学生发言，教师来提问或者在学生发言后进行点评。罗马尼亚高校的英语专业学生需要选修两门外语，公共英语的教育在中学已经完成，大学不开设公共英语课程，而是开设专业英语课程。

在罗马尼亚几所排名靠前的大学中有很多项目课程采用全英文授课。布加勒斯特大学作为罗马尼亚最好的大学之一，也是在欧洲享有盛名的综合性大学，其工商管理学院下设的工商管理专业采用全英文授课，在工商管理、公共管理和市场营销这三个大方向所创建的 11 个大学硕士课程中，用全英文授课的课程就有 2 个。

巴比什—波雅依大学是罗马尼亚乃至整个欧洲最古老的大学之一，也是目前世界上唯一采用英语、德语、法语和罗马尼亚语授课的大学，学生可以自由选择自己倾向的授课语种。该大学为管理学、金融学和经济学专业的学生提供四个学期的商务英语实践课程，并在前两年的学习中举办以"语言商务沟通"为主题的研讨会，在大学第三年每学期开设 14 小时讲座和 14 小时的研讨会。并且，巴比什—波雅依大学要求学生在本来授课语言的基础上最少还要多掌握一门第二语言。

亚历山德鲁伊万库扎大学是罗马尼亚最古老的大学，在罗马尼亚国家建立一年后，于 1860 年成立，是罗马尼亚精英大学集团联盟的五名成员之一。亚历山德鲁伊万库扎大学提供英语、法语和罗马尼亚语的学习课程，尤其是大学的经济和工商管理学院提供全英文授课。

从上述几所罗马尼亚排名靠前的大学可以看出，使用英文授课的学院主要是商科类和经济类的专业，进一步说明了罗马尼亚对于商务英语的重视。

六、罗马尼亚商务英语教育发展趋势

随着博洛尼亚系统在高等教育中的不断深入，学生的不断发展变化的诉求也需要及时地、不断地进行评估，与时俱进，罗马尼亚大学将设计更加现代化、能够满足学生职业发展需要的课程。人们越来越意识到商务英语教学是一项跨学科的工作，需将学科知识、商业实践和语言技能整合起来。商务英语教学更加注重以研究为主导，商务英语是英语在商务中的使用，代表着一种社会和经济生活的领域，具有自己的主题、人际关系、媒体选择和沟通渠道。因此，它作为一个独立的跨学科研究领域值得关注。伴随着罗马尼亚加入欧盟，建立与欧洲各国之间的经济纽带，高等教育的分布更加偏向于经济、管理类专业。私立高等教育机构作为罗马尼亚高等教育的重要参与者也在迅速崛起，罗马尼亚高等教育改革成效显著。

七、结语

全球化时代的到来、科学技术的不断革命创新、信息技术大浪潮和加入欧盟都给罗马尼亚的商务英语教育改革带来了新的契机。罗马尼亚商务英语教学在 1990 年至今经历了许多改革，尤其是在高等教育商科专业的发展领域越来越重视商务英语教学的发展，不断提升自身的教育水平，与欧盟成员国进行人才流动，进一步提升了罗马尼亚学生的国际竞争力。

参考文献

［1］梁友珍 . 罗马尼亚大学英语教育及启示［J］. 外语教学理论与实践，2003，35（4）：9-12.

［2］孟可可 . 罗马尼亚在小学阶段新开设三门选修课程［J］. 世界教育信息，2014（2）：75.

［3］张广山，熊健民 . 博洛尼亚进程中罗马尼亚高等教育改革及启示［J］. 教育探索，2016（7）：146-149.

［4］张力 . 罗马尼亚高等教育质量评估中的学生参与研究——以博洛尼亚进程为背景［J］. 黑龙江高教研究，2013，31（1）：50-53.

［5］张力玮 . 罗马尼亚实行高等教育改革［J］. 世界教育信息，2011（5）：6.

［6］Glaser-Segura D. A. , Mudge S. , Brătianu C. , et al. Development of Professional Identity in Romanian Business Students ［J］. Education + Training, 2010, 52 (3): 198-213.

［7］ Lăzărescu A. Utopian Business English Course Delivery: Avoiding Dystopia in Class ［J］. Procedia – Social and Behavioral Sciences, 2013 (76): 446-450.

［8］ Nicolescu L. Higher Education in Romania: Evolution and Views from the Business Community ［J］. Tertiary Education & Management, 2003, 9 (1): 77-95.

［9］ Simion M. O. Teaching Business English For Communication In Romania ［J］. Analele Universităţii Constantin Brâncuşi Din Târgu Jiu Seria Economie, 2012, 1 (1): 227-229.

［10］ Todea L. , Demarcsek R. Anglicisms in the Romanian Business and Technology Vocabulary ［J］. 2016, 144 (1): 12-13.

［11］ Zagan-Zelter D. , Zagan-Zelter S. Teaching Business English—A Challenge both for Students and Academics ［J］. Procedia – Social and Behavioral Sciences, 2010, 3 (1): 245-250.

第十三章 荷兰商务英语教育发展

一、导论

　　荷兰，又称尼德兰王国，地处欧洲西北部，是一个资本主义高度发达的西欧国家。荷兰国土总面积达到 41526 平方千米（2015 年），自然资源相对匮乏，仅天然气及石油储量较为丰富。截至 2015 年，荷兰总人口为 1690.84 万人，人口密度达到了 406 人/平方千米（2018 年），国家城市化程度高。

　　早在 17 世纪，荷兰就一度成为世界上最强大的海上霸主，更被誉为"海上马车夫"。国内自然资源不足的现实状况促使荷兰积极发展外向型经济，鼓励并推动对外贸易经济发展。截至 2016 年，荷兰国民生产总值（GDP）达到 8694 亿美元，人均 GDP 达到 51049 美元，是西方十大经济体之一。

　　作为欧盟（EU）、经济合作与发展组织（OECD）及世界贸易组织（WTO）的创始成员国之一，荷兰不仅高度重视国内教育体系发展与优化，更积极促进与欧盟乃至世界各国在经济、文化、教育等方面的联系与交流，希望向国外输出国际化、高水平、高素质专业人才。在此期间，荷兰教育部为适应全球化发展趋势，在学校各阶段实行并推广以荷兰语和英语为主要教学语言的双语教育政策，注重夯实学生英语语言基础，提高英语实际运用能力。面对经济、社会快速发展及劳动市场对国际化商务专业人才的需求，越来越多高等教育机构相继开设商务方向的特殊用途英语专业和教育项目，商务英语教育在荷兰得到不断发展。

二、荷兰教育发展概况

荷兰官方语言为荷兰语，弗里斯兰省讲弗里斯语，通用英语。政府高度重视国家教育事业的发展，对教育的投资力度很大。2013年，教育部对教育机构的投资总共达到318亿欧元，教育部对教育事业的支出占政府支出的19.4%，占国内生产总值的5.3%（2013年）。

荷兰教育体系分为基础教育、中等教育、高等教育及"后教育"四个教育层次。宪法规定，荷兰施行12年义务教育制度，其中基础教育阶段为8年，中等教育阶段为4~6年不等，高等教育一般为4年。

政府会为年龄在2.5~5岁的幼童提供学前教育。尽管法律规定所有年满5岁的儿童才必须入读小学，但现实中大部分儿童在4岁时已进入小学开始基础教育学习。荷兰小学采取小班教育制度，学生必修荷兰语、英语、数学、体育、社会与环境研究等科目。一般情况下，所有儿童在12岁时将会参加初等教育离校考试进而转入中学继续学习。在此之前，学校会根据学生在校成绩、智力发展、学习态度、学习兴趣等不同方面的表现对学生展开评估，帮助其选择更适合自己未来发展规划的中学。

荷兰的中等教育机构分为四年制职前中等教育（VMBO）、五年制普通高级中等教育（HAVO）及六年制大学预备教育（VWO）三种不同级别的学校类型。据统计，荷兰每100名小学生约有94名入读主流的中等教育学校，其中44名直接入读高级综合中等教育学校或大学预备教育学校，49名入读预备职业中等教育学校（Ministry of Education,

Culture and Science，2014）。学生对不同类型中学的选择很大程度上将会决定其学习生涯方向及最终所能达到的教育水平。荷兰中学教育在制度上采取开放形式，这就意味着来自低一级中学的学生能够通过自身的努力转入高一级别的中学继续学习，而高一级学校的学生也可以根据自身兴趣和规划转入低一级别的学校就读。

在高等教育阶段，学生仍可以在专业学术导向型大学和职业导向型院校两种不同性质的高等学府间做出选择。荷兰共有 13 所学术型大学，它们以科研和学术研究为办学重心，以自然科学、医学、经济学、法律、行为与社会、语言和文化为主要研究领域（刘慧侠，2002），旨在培养学生成为日后的科研人员、学术研究人员或技术设计师，教学过程更关注学生个人的发展及其社会责任意识的提高，这类学校包括阿姆斯特丹大学、莱顿大学、鹿特丹大学等著名高等学府。职业院校则着重开设具有专业实践性质的课程，目的在于培养应用型专业人才，所开设的专业涉及农业与自然环境、行为与社会、医疗、工程与技术、美术与表演、经济学与管理、教育共七大行业（刘慧侠，2002）。除此以外，高等教育机构还会向已毕业的大学生提供博士研究生、后硕士课程进修及后职业技能培训三种"后学位"教育项目。

荷兰办学制度坚持"宽进严出"的原则，推崇开设具有社会实用性的专业课程，在教学过程中注重培养学生独立性和提高学生创新能力。根据国际学生评估项目（PISA）的测评结果，荷兰被 OECD 定义为教育体系最为发达的国家之一（尤铮，2018）。

三、荷兰商务英语教育发展总论

与其他欧洲国家一样，英语语言教育长久以来受到政府鼓励与推广。特别在近几十年，经济全球化和信息全球化的进程不断加深，国与国之间的经济、文化、教育有更多机会和渠道联系与交流，国际社会对专业英语人才的需求缺口逐渐扩大，英语语言教育在荷兰越发受到重视。教育部确立了以荷兰语和英语为主要教学语言的双语教育体系，学生从基础教育到高等教育阶段必修英语课程，其英语语言能力由此得到不断提高。

在高等教育方面，英语甚至成为硕士阶段的主要授课语言。高等院校也为适应经济和社会发展相继开设特别用途英语专业，其中不乏商务方向的应用英语专业。一般情况下，商务英语在荷兰指经济学、管理学等商科课程中所使用的教学语言，或指部分专门用途英语语言培训项目。高校开设商务方向的应用英语专业历史悠久，其中鹿特丹伊拉斯谟大学（Erasmus Universiteit Rotterdam）所设立的相关专业享誉全球，开设了高级企业金融与策略、高级投资学、高级企业金融与管理、高级行为与管理学、国际商务策略、人力资源管理等一系列特殊用途英语课程，旨在培养国际化、高水平商务英语专业人才。

得益于荷兰政府长期的政策支持、健全的双语教育体系及学生英语语言熟练度高，荷兰商务英语专业得到不断发展和深化，相信随着社会和教育的不断进步，商务英语在未来会有更广阔的发展前景。

四、荷兰商务英语教育政策概况

荷兰国内针对外语教育的政策可以追溯到18世纪末19世纪初。荷兰外语政策从萌芽、确立、实施、巩固到创新历经两百余年，如今已经成为一个相当成熟的外语能力培养政策体系。

18世纪末到19世纪中叶，外语教育政策在荷兰统一教育体制确立之初已经被提出，但未被落实。外语教育在教育体系被边缘化，并没有成为一个独立学科。直至《1806教育法案》的颁布，学校在基础教育阶段开展外语教育，外语教育的地位方得改善。

　　19 世纪 50～70 年代，政府在短短 20 年间先后颁布《1857 年法案》、《1863 年法案》及《1876 年法案》。外语教育课程在此期间不再局限于基础教育阶段，得以推广到中等教育和高等教育阶段。19 世纪 70 年代，外语教育相关政策在全国范围内推行，其在荷兰教育中的地位得以巩固。同时，政府亦根据国内外经济、社会的发展对外语教育政策进行检验与修订，不断完善相关政策的落实。

　　20 世纪初到 20 世纪中叶，尤其在政府通过并开始落实《1968 年大法案》后，外语教育的地位得到进一步巩固。《1968 年大法案》以荷兰中等教育结构调整为切入点，关注中等教育阶段中外语教育的内容、外语教育方法与技巧。20 世纪末，政府制订"荷兰国家行动计划"，从国家层面上指导国内外语教育和外语应用的推动和落实。自此，荷兰外语教育政策逐渐走向成熟，给荷兰外语教育发展提供了强而有力的支持（见表 13-1）。

表 13-1　荷兰商务英语教育政策概况一览

年份	英语教育政策变化
1806	政府颁布《1806 教育法案》，第一次提到在基础教育阶段开设外语课程
1857～1876	政府先后颁布《1857 年法案》、《1863 年法案》及《1876 年法案》，从国家法律层面上确立外语教育的地位，外语教育进一步得到推广，除基础教育阶段外，中等和高等教育阶段均可接受外语教育
1876	政府颁布《1876 年法案》，针对外语能力培养的相关政策开展试验和修订，提高外语教育政策的执行性，从而巩固了外语教育在整个教育体系中的地位
1968	政府颁布《1968 年大法案》，规定"给所有中等教育的学生提供学习一门或者多门外语的机会"。该法案在荷兰外语教育培养史上有着里程碑式的意义，标志着荷兰中等外语教育进入了成熟阶段
1988	政府施行针对荷兰外语教育和外语应用的"荷兰国家行动计划"，规定处于中等教育阶段的学生需要学习英语、德语及法语三门外语，若学生在中学结束时达到了预先设定的标准，即可放弃一种语言的学习

自 1970 年起，英语在荷兰外语教育中已经作为首选外语。随着英语逐渐被视为国际通用语言，荷兰政府在外语教育政策的施行中尤其注重对英语教育的推广与发展，并对英语教育做出了相关的规定。英语从 1986 年开始作为小学基础教育中的一门必修课（Frans Wilhelm, 2018）。截至 2013 年，所有 10~12 岁在校参加英语课程的总学时需达到 80~100 小时（Kuiken F. and van der Linden E., 2013）。在中等教育阶段，低年级学生必须学习两门外语，高年级学生只需学习一门外语。中学生每周必须参加三节英语课程，每节课课时为 40~50 分钟（计霄雯，2018）。

当学生踏入高等教育阶段，国家对英语教育依然十分重视。同时，特殊用途英语专业在荷兰获得广泛开设，英语作为主要授课语言走进高校。尤其在硕士阶段，大部分学校都提供特殊应用英语课程，其中相当一部分下设于经济学、管理学等商科学科，学生根据不同专业方向接受相应的特殊用途英语课程。荷兰的鹿特丹伊拉斯谟大学是享誉世界的顶尖高等学府，拥有欧洲乃至世界最负盛名的经济学院和管理学院，而马斯特里赫特大学下属的经济学院则是欧洲最好的学院之一，它们也是开设商务方向的特殊用途英语专业最多的大学中的两所。

近几十年，工作市场对商务方向国际化英语专业人才需求增大，荷兰高校很可能为适应市场人才需求趋势，增设商务方向的英语教育项目。

五、荷兰商务英语教育项目概况

荷兰高等教育机构中许多教育项目，尤其在硕士研究生阶段，均以英语作为主要教学语言进行授课。为了更好地适应经济全球化的快速发展从而推动社会的进步，荷兰国内不乏国际著名高等学府为此在经济学、管理学等学科下开设商务方向应用型英语专业。

鹿特丹伊拉斯谟大学是荷兰 13 所学术型大学中的一所公办大学，其下设的伊拉斯谟经济学院、鹿特丹管理学院办学质量享誉欧洲乃至全球。在 2017 年《金融时报》（*Financial Times*）欧洲最佳商学院排名榜中，其更跻身欧洲十大商学院之列。

与此同时，鹿特丹伊拉斯谟大学也是荷兰国内开设商务方向的特殊用途英语专业数量最多的大学之一，所开设的相关专业包括商务与管理、市场与组织经济学、行为经济学、审计与金融、营销学等。相关商务课程以英语作为教学语言，其开设目的旨在通过实践经验教学以深化和系统化学生在企业金融、投资、国际金融和国际商务等多个方面的知识，提高学生分析和处理复杂的金融和商务问题的能力，从而培养一批国际商务和管理领域高素质、高水平的国际化专业人才（见表 13-2）。

表 13-2　鹿特丹伊拉斯谟大学商务英语课程基本信息

课程研究方向	课程设置
金融经济方向	高级企业金融与策略、资产定价、金融风险管理、高级投资学、高级企业金融与管理、高级行为与管理学、国际金融学等
管理学方向	企业管理学、营销学、会计学、国际商务策略、组织行为学、商务与社会、管理决策与磋商、企业金融学、人力资源管理、管理科学、运营与供应链管理、信息战略等

六、荷兰商务英语教育发展趋势

荷兰商务英语教育不断发展并逐渐走向成熟。在当今全球化经济日益深化的背景下，欧盟作为影响世界经济的一股重要力量积极推动成员国顺应经济、社会、文化的交流与融合。英语如今作为一门世界通用语言，作为欧盟创始国之一的荷兰也因此高度关注其国内英语教育发展状况，尤其是商务型应用英语专业的发展。

虽然与许多欧洲国家一样，商务英语在荷兰普遍被视为管理学、经济学等商科课程的教学语言，但是商务方向的特殊用途英语专业受到许多高等教育机构的青睐，并希望通过相关专业以培养能够在国际化社会立足的高水平商务人才。随着商务英语教育在高等教育阶段发展的深度和广度不断提高，荷兰国内对商务英语教育相关的研究和建设也会得到不断发展。

七、结语

荷兰自中世纪以来对外贸易发达，国家与国家、国家与地区之间的经济、文化交流与联系由此得到不断深化，而英语也作为商务语言得到使用和传播。欧盟成立后，荷兰作为创始国之一更积极融入欧洲文化区，荷兰语和英语双语教育从个别的国际学校逐步推广至全国层面。政府推行一系列外语语言能力培养的政策，英语自基础教育阶段便作为必修的一门外语，而英语作为教学语言的课程也得以普及。荷兰国民得益于此，成为世界上非英语母语国家中英语熟练程度最高的国家之一。

荷兰向来强调教育的实用性，在部分高等院校内专业职业导向性非常明显。为适应经济和社会的发展，特殊应用英语专业在国内相继开设，其中相当一部分特殊应用英语专业为商务方向。开设相关专业的高校不乏鹿特丹伊拉斯谟大学、马斯特里赫特大学在内的荷兰顶尖大学。在荷兰，商务英语更多地指管理学、经济学等商科课程中所使用的教学语言，商务方向特殊用途英语专业除了提高学生英语语言能力外，更着重提高他们在国际商务、管理领域的专业技能和素养。荷兰商务英语教育在政府、国民的支持下不断发展，商务英语教育体系也将因此越趋成熟与健全。随着教育和研究的不断进步，商务英语教育的深度和广度在未来会得到进一步提高。我国商务英语教育也可以从荷兰教育发展历程中得到许多宝贵的经验，相信两国未来能够在商务英语教育领域有更深入的交流。

参考文献

［1］计霄雯，景婧. 荷兰学生英语能力培养及评价研究［J］. 淮海工学院学报（人文社会科学版），2018，16（9）：136-140.

［2］刘慧侠. 荷兰的高等教育体系及特征［J］. 高等理科教育，2002（4）：95-98.

［3］孟祥林. 荷兰的教育体系与特点［J］. 世界教育信息，2006（2）：33-34.

［4］施健，余青兰. 荷兰外语教育政策发展及启示［J］. 教学与管理，2008（21）：158-160.

［5］尤铮. 质量保障视野下荷兰基础教育评价体系研究［J］. 比较教育研究，2018（9）：103-110.

［6］Frans Wilhelm. Foreign Language Teaching and Learning in the Netherlands 1500-2000：An Overview［J］. The Language Learning Journal，2018，46（1）：17-27.

［7］Kuiken，F. & van der Linden，E. Language Policy and Language Education in the Netherlands and Romania［J］. Dutch Journal of Applied Linguistics，2013，2（2）：205-223.

［8］Ministry of Education. Key Figures 2009-2013［R］. Amsterdam：Ministry of Education，Culture and Science，2014.

第十四章　意大利商务英语教育发展

一、导论

　　2019 年伊始，习近平主席开启国事访问首站选择了意大利，其标志着中意关系进入了新时代的新高度。中意同为文明古国，古老的丝绸之路将两国紧密相连，如今由中国发起的"一带一路"倡议又将两国紧紧联系在了一起。中意合作硕果累累，人文交流丰富多彩。2019 年是中意建立全面战略伙伴关系 15 周年，2020 年两国将迎来建交 50 周年。在这样的重要节点，两大文明古国将在各领域全面推进务实合作。

　　在教育板块，意大利作为欧洲文艺复兴的发源地，一直位居整个欧洲文明的中心。意大利拥有很多历史悠远、文化底蕴深厚、思想丰富的大学，包括被称为"大学之母"的全世界第一所大学——博洛尼亚大学。意大利大学多，规模大，设置的专业学科多样化，师资力量雄厚，实验设备齐全，校企合作的教学实践条件成熟，其理工科专业和艺术时尚类专业更是一直居于世界之首。

　　在"一带一路"建设的推动下，我国对具有国际化视野的应用型人才和复合型人才的需求激增，国内的商务英语学科建设和专业发展正是在这样的大背景下迅速发展。鉴于中意关系推进合作中包括了教育领域，而意大利的教育一直在改革发展中保持世界级高水平的教学效果，所以研究意大利的英语与商务英语教育发展概况与趋势显得十分重要，不但可以给我国商务英语学科建设和专业发展提供借鉴与学习机会，也能为两国在英语和商务英语教育方面的交流与合作提供一定的参考作用。

二、意大利中小学英语及商务英语教育概况

长期以来，英语的学习与使用在全世界一直都呈现增长的趋势。英语是全球交际中不可或缺的语言。意大利有着自己悠久璀璨的文化历史，在意大利语通行的大环境下，其英语教育面临着一个两难选择。PULCINI（1997）指出，在 20 世纪的上半叶，意大利对英语的态度是敌对的、反对的，20 世纪的下半叶，才开始变得接受、容纳与发展。

在 2002 年欧盟提出从小学习两门外语的政策之后，意大利也对其外语教育进行了改革。2006 年，意大利正式宣布从小学开始，也就是 6 岁开始，小学生需要学习两门外语，其中第一门外语是英语，英语成为必修课，另一门外语可以根据具体情况开设。多年以来，意大利小学的英语教学课时都是每学年 80 小时，平均每周 2~4 小时。自此，意大利成为继西班牙之后第二个在最小年龄段开设外语必修课的欧盟国家。从 2006 年开始，意大利的小学 99.9%的学生都学习了外语，其中 98.1%学习了一门外语，也就是英语，1.9%学习了两门外语（Faez，2011）。意大利要求小学生英语达到 A1 水平，小学的英语教师一般是教育专业毕业的通识教师，英语达到 B2 水平，教学内容一般包括简单的词汇、语法和口语表达（Santipolo，2017）。到了初中阶段，所有学生都必须学习第二门外语，第二门外语也成为必修课，但这并没有削弱英语作为第一外语必修课的地位。意大利规定把初中英语课时的每学年 70 小时

调至 165 小时，平均每周 3 小时，这也使意大利成为欧盟国家中初中英语教学课时最多的国家之一（Faez，2011）。意大利要求初中生英文达到 A2 水平，初中的英语教师一般是外语类硕士专业毕业并且取得外语教学资格，英文必须达到 B2 水平或 C1、C2 以上，教学内容以交际为目的，同样包括语法、词汇等。到了高中阶段，绝大多数高中规定英语为必修，但学习时长比较灵活，平均 2~5 小时/周，教学内容多变，虽然仍以英语语言为主，主要包括语法、词汇与翻译，但这个传统正在慢慢被打破。意大利很多高中学校分为不同方向和特征，根据区域的特点和学校的侧重点不同，有的学校开设英语文学课，有的技术高中侧重不同的 ESP，ESP 教学成为一种新趋势，其中就包括了商务英语的教学（Santipolo，2017）。意大利要求高中生英文达到 B1 水平，高中的英语教师一般是外语类硕士专业毕业并且取得外语教学资格，英文必须达到 B2 水平或 C1、C2 以上，而且高中经常聘请英语外教。2010 年的第 249 号部长法令对幼儿园、小学、中学的教师入职培养做出新规定，包括要求大学开设一些高中教师用外语教授一门非语言课程的进修课程，凸显出对培训英语师资和提高英语教学水平的决心。意大利高中也开始尝试内容与语言整合的教学方式。2016 年，意大利教育部要求新晋中学英语老师英语必须达到 C1 水平，并且参加英语国家概况的考试，了解英语的变体，懂得如何阅读、分析、解读不同体裁、不同专业领域的文章。对中学老师提出了新的更高的要求。一直以来，意大利中学阶段的英语教学是做得最好的阶段（Santipolo，2017）。

三、意大利大学英语教育政策与英语教育概况

1999 年，欧盟国家正式启动博洛尼亚进程，提出了欧洲高等教育改革计划，决定整合各国高等教育资源建设欧洲高等教育区，包括建立

容易理解和比较的学位体系、欧洲学分转换体系，加强课程联合开发，促进学生流动学习等，旨在让签约国的大学毕业生的毕业证书及大学课程成绩都能获得其他签约国的承认，为学生在欧盟其他国家进一步学习或工作扫除障碍，真正实现欧洲高等教育一体化。意大利作为博洛尼亚进程的主要发起国和参与者，签署《博洛尼亚宣言》成为意大利大学大刀阔斧改革的标志。在签署了《博洛尼亚宣言》之后不久意大利就按照其框架要求在国内进行高等教育改革，2002 年在意大利国内全面实施，并于 2004 年正式修订完毕并沿用至今。其改革包括了"3+2"的两级学位体系，即第一周期学位（学士，3 年修完 180 学分）和第二周期学位（硕士，2 年修完 120 学分）。意大利在第二周期对英语学习要求更高、更多。第二周期有很多专业开设了专业英语课程，如商务英语、旅游英语、艺术英语和考古英语等，也有很多的专业开设全英授课或双语教学。

意大利学分累计体系是基于欧洲学分转换体系，即规定 1 学分相当于 25 小时的学习，也规定了各级证书的学分兑换，以加强学生在欧盟国家之间的流动与合作交流（佛朝晖，2008；郭强和李静，2010）。2001 年颁布的《欧洲语言共同参考框架》更是使欧盟的英语语言测试使用新的统一标准，这使语言证书和学分兑换更加直接有效。另外，2001 年开始莫拉蒂改革，其中在 2003 年出台的第 53/2003 号法案充分强调了学习者的中心地位及尊重不同年龄段不同个人特点，突出个性化学习，此法案对意大利的外语教育有着深刻影响。这个学分兑换和转换体系和个性化学习方案使不同学校、不同专业对英语的要求不尽相同。一些大学的英语课程发生了变化，即并不一定开展英语教学，学生只要在规定时间内获得规定的语言水平测试等级证书（目前意大利大学要求的最低英语等级证书是 B1，有些学校要求更高级别），就可以换取相应的学分，而没有规定学生一定要修读英语课程，对学习过程、形式和内容不做硬性规定。学生可自由到教育部认可的各种校内外语言培训中心报考语言等级证书，考取证书兑换学分即可。

2004 年，莫拉蒂改革更是创新地对两个周期进行"Y"改革，其中强调跨学科的交流与结合，包括对大学课程进行重组，以区分学科分类与级别。每个学科都包括六种模块的课程，其中包括一种模块专门针对期末考试准备的课程，这种模块一般包括外语考试，旨在提高学生的语言能力（佛朝晖，2008；郭强和李静，2010）。因此，也就不难发现一些大学把英语课程名称设为 English Test，English Proficiency（B1，C1）、English Lab 之类，直接把英语课程设为专门针对英语考试而设的课程，而且这类课程往往只设考试及格与不及格，不给出具体分数。像博洛尼亚大学、乌迪内大学多个专业的英语课都是这样设置的。

2004 年，《欧盟宪法草案》提出"多样统一"（Unity in Diversity）的概念。欧盟国家实施语言教育多元化政策，政策具有统一性，却是以尊重和保护语言文化多样性为基础的。2007 年欧盟颁布的《从语言多样性到多元语言教育：欧洲发展语言教育政策指导》等语言教育指导性文件和政策深深影响了欧盟各国，成为制定教学大纲、设置课程、编写教材、设置考试等的重要参考。欧盟不支持将英语作为唯一外语来教授与学习，努力通过多样性语言教育来实现社会包容性。在这些政策的影响下，意大利同样为中小学学生提供多种外语学习的机会，到了大学就更加自由了，很多学校的外语课程有多国语言可选，除了英语课程之外，提供多种欧洲语言，还有亚洲国家和阿拉伯国家语言等，充分体现了多样化的选择。

四、意大利大学商务英语教育政策
项目与商务英语教育概况

欧盟语言教育多元化除了指语言多样性以外，也包括形式的多元化。其中就包括采用内容和语言融合的语言教学方法，将外语融入学科教学中进行，不单独开设纯外语语言课程。内容与语言整合性学习（CLIL）是 1994 年欧盟白皮书正式提出的用外语来教授非语言类学科知识，同时兼顾外语学习的教学模式，强调语言与学科知识的互相整合、互为语境化（盛云岚，2012）。而这种模式在欧盟国家包括意大利在内的多个层次的教育中都普遍存在（骆凤娟和莫海文，2015）。到 2003 年，欧洲理事会制定颁布《行动计划》，强调"使用目标语作为媒介授课能够很好实现欧盟多元语言学习的目标，促进有效语言学习和语言多样性保护"（骆凤娟和莫海文，2015）。在这样的政策指导下，意大利的很多课程也开始用外语来教授，而在大学中用英语授课的专业更是比比皆是。

另外，为促进和落实博洛尼亚进程，欧盟委员会于 2003 年提出并通过名为 Erasmus Mundus（伊拉斯谟）的高等教育项目计划。项目定位为硕士层次的高等教育交流，通过建立 100 个跨大学的欧洲硕士专业点与提供上万个奖学金和访问学者名额的方法，吸引更多外国教师和学生在欧洲的大学学习，加强欧盟成员国大学之间的学术联系，提高欧洲高等教育的质量和竞争力，扩大其世界影响。自 2014 年起，欧盟将在 7 年（2014~2020 年）内斥资 148 亿欧元用于"伊拉斯谟+"（Erasmus +）教育计划，首次将交流拓展到欧洲以外的国家和地区，旨在促进欧盟国家与第三世界高等学校之间学生、研究人员和教师的交流。

在这两大背景之下，意大利的英语授课专业和课程不断发展。高级的跨学科教学是第二周期硕士研究生阶段教育的一个重要特色，用英语来教授其他学科的专业课程发展得更加普遍。据意大利 LaStampa 网站报道，2018 年外国籍的毕业生占全意毕业生人数的 3.5%。而来自欧洲国家的留学生人数还是在意大利外国学生中占据最大的比例（52.1%）。意大利大学的吸引力之一来自近年来英语授课硕士课程的增加，意大利教育部 Miur 数据指出，英语授课课程占意大利硕士授课总数的 12.1%，即 2313 节课中有 279 节课属英语授课。

意大利英语授课的专业和课程中就有商务英语课程，即商务英语教育更贴合以商务为中心，语言为工具理念存在。这也是意大利商务英语教育第一大类课程模式，即商科，经济与管理类专业或课程用英语授课。而下面这三大类专业则相对集中地出现了这种类型的课程。

（1）作为欧洲四大经济体之一，时下的意大利仍然是一个经济高度发达的国家。大学的商科和经管类专业一直是热门和优势专业，意大利很多综合性大学的商科与经管类专业执行全英教学模式。这是意大利商务英语课程最大的一个主流。通过检索多所高校的官方网站发现，商科或经管院系全英教学专业比比皆是，其中第二周期硕士研究生全英授课的比例更高（见表14-1）。

表14-1　硕士研究生全英授课的比例

学校	商科或经管类院系本科全英教学专业（个）	商科或经管类院系研究生全英教学专业（个）
博科尼商业大学	7	12
博洛尼亚大学	5	12
威尼斯大学	3	4
锡耶纳大学	2	5
罗马大学	0	7
米兰大学	0	6
帕多瓦大学	0	5
都灵大学	1	3
佛罗伦萨大学	0	3
乌迪内大学	0	2
帕维亚大学	0	2
费拉拉大学	0	2

另外，由于意大利大学课程是以六个模块设置的，非全英教学专业有的执行双语教学，有的执行意大利语教学。双语教学的专业即部分模块执行英语教学，因此，模块化商务英语类课程会出现在商科经管类双语教学的专业中（见表14-2）。

表 14-2 英语授课经管类模块课程数量

学校	英语授课经管类模块课程数量（门）
米兰比可卡大学	30
佩鲁贾大学	15
帕多瓦大学	100~130

（2）意大利的商务英语课程也大量地出现在时尚设计类专业中。意大利美院名声在外，一类是公立美院，主要是以纯艺术为代表，这类院校主要用意大利语授课，英语及商务英语涉及不多；另一类是同样受欢迎的私立美院，除了公立美院的纯艺术之外，还有各类时尚专业或者设计专业。这些专业的本科和研究生阶段的全英授课都较为普遍（见表14-3）。而且课程设计多以市场为导向，和商业运作与管理紧密结合，课程多涉及战略管理、商业运作、融资、预算、品牌打造与管理、产品研发与创新、市场营销、零售管理、全球分销渠道建设等。而且私立美院的时尚设计类专业多与世界各地企业有紧密的合作关系，学生经常有各种资源与机会到企业实习，真实参与企业项目运作，比如马兰欧尼设计学院所有专业都有一年的企业实习期。另外，综合性大学和理工科大学也开设设计类专业，全英授课，重视设计生产流程和项目管理，课程多数与创造力、技术、科学、工程与管理做跨学科的结合，因此专业中出现很多英语管理类课程。

表 14-3 时尚设计类全英教学专业数量

学校	时尚设计类本科全英教学并含管理类课程的专业（个）	时尚设计类研究生全英教学并含管理类课程的专业（个）
马兰欧尼设计学院（私立）	12（时尚类7、设计类5）	0
欧洲设计学院（私立）	1（时尚类1）	9（时尚类4、设计类2、传播类3）
米兰新美术学院（私立）	3（设计类）	6（设计类）
罗马大学	0	2（时尚设计1、产品设计1）
米兰理工大学	0	1（时尚体系设计）
佛罗伦萨大学	0	1（建筑设计）

（3）意大利有很多人文专业和国际研究相关硕士研究生专业也设置全英授课，这类专业同样存在较多经管类模块英语课程（见表14-4）。

表14-4　意大利全英硕士研究生专业情况

学校	人文或国际研究学科/院系	全英硕士研究生专业 （内含英语经管类模块课程）
威尼斯大学	国际研究与全球化	1. 哲学，国际化经济研究 （此专业为本科专业） 2. 对比国际关系 3. 全球发展与企业家精神
	语言与文化	亚洲与北非的语言经济与机构
	文化遗产保护与管理	艺术与文化活动的经济与管理
米兰大学	国际研究	国际政治，法律与经济
博洛尼亚大学	人文	语言，社会与交际

随着专门用途英语ESP理论与实践的深入发展，意大利的第二周期学习阶段多个专业开设ESP课程。因此，意大利商务英语教育第二类形式是以ESP的一门课程出现，多数出现在研究生阶段的商科经管类专业中，少数出现在人文社科的语言与文化专业中（见表14-5）。

表14-5　意大利专门用途英语课程

学校	院系/学科	ESP课程名称
米兰比可卡大学	社会学与社会研究	English for Business
热那亚大学	外语语言文学	English for Specific Purposes（课程介绍明确指出这门课是旅游与商务两个模块）
佛罗伦萨大学	经济学与管理学	English for Economics（开设两学期，第一学期6个学分，第二学期12个学分） English for Business and Finance
佩鲁贾大学	经济学	English and International Marketing
帕多瓦大学	经济学与政治科学	English for Economics and Business English Language for Economics and Management

意大利商务英语教育第三类形式是商务英语语言培训课程。①意大利的语言培训课程一部分设置在校内语言中心，比如博科尼商业大学的语言学习中心就有剑桥商务英语 BEC 考点和课程培训。②也有一部分设在专门的语言大学，比如佩鲁贾外国人大学、锡耶纳外国人大学。虽然这种语言大学主要是针对意大利语与文化的教学与培训，但现在也都发展成为多种语言的教学与培训集中地，比如锡耶纳外国人大学的锡耶纳 Italtech 语言培训中心设有剑桥商务英语 BEC 考点和课程培训。③校外经教育部认可的大学语言中心（CLA）一般设有意大利语及各种外语的培训课程，其中有针对语言等级和考证的英语培训课程，也有针对专业的专业英语课程，比如商务英语、法律英语、艺术英语、旅游英语等。以剑桥商务英语为例，意大利有 98 个 BEC 初级考点、99 个中级考点、97 个高级考点（相比之下，中国只有 20 个考点），意大利每年报读 BEC 培训课程和报考证书的考生人数很多。

五、结语

目前，意大利的外语学院仍然是以文学、语言学和翻译为主，商务英语还没有设立独立专业，更没有独立的理论体系和学科建设，但随着欧洲教育一体化和"伊拉斯谟+"计划的深入推进，意大利会有更多的全英授课专业，而且随着商业经济的发展，语言服务于经济的需求会更大，所以商务英语不管是以英语语言服务于商科或经管类专业教学，或是以一门专业用途英语课程出现，还是以职业需求与强调应用的培训出现，都将会有数量上的增加，呈现出强大的发展空间。希望中意两国可以借着"一带一路"的契机，在商务英语教育方面互相交流与借鉴，为中国的商务英语学科建设与专业发展提供更多思路。

参考文献

［1］佛朝晖．当前意大利高等教育改革的动因与措施［J］．江苏高教，2008（2）：143-145．

［2］高俊芳．意大利留学指南［M］．北京：外语教学与研究出版社，2008．

［3］郭强，李静．当代意大利高等教育多维发展动态分析［J］．比较教育研究，2010（1）．

［4］骆凤娟，莫海文．多样统一：欧盟语言教育多元化政策探析［J］．外国中小学教育，2015（1）：6-10．

［5］盛云岚．欧洲 CLIL 模式：外语教学法的新视角［J］．山东外语教学，2012（5）：65-69．

［6］田鹏．认同视角下的欧盟语言政策研究［D］．上海外国语大学博士学位论文，2010．

［7］谢倩．外语教育政策的国际比较研究［D］．华东师范大学博士学位论文，2011．

［8］［意］吉列尔莫·马利泽亚，［意］卡罗·南尼．意大利教育制度研究［M］．瞿姗姗等译．杭州：浙江大学出版社，2012．

［9］Faez F. English Education in Italy：Perceptions of Teachers and Professors of English［J］．Canadian and International Education，2011（40）：31-44．

［10］Pulcini V. Attitudes to the Spread of English in Italy［J］．World Englishes，1997（16）：77-85．

［11］Santipolo M. Bespoke Language Teaching（BLT）：A Proposal for a Theoretical Framework. The Case of EFL/ELF for Italians［J］．Studies in Second Language Learning and Teaching，2017（7）：233-249．

第十五章　波兰商务英语
教育发展

近年来，英语一直是国际社会交流的重要手段。它是科学、商业和外交的语言。全球采用英语并不是任何国家文化至上的证明，而是在我们这个深度相互关联的世界中需要共同语言的反映。

英语熟练程度与主要经济和社会指标相关。与英语水平较低的国家相比，英语水平较高的国家出口水平较高，拥有较高的互联网覆盖率，对研发的投资也多。

大多数经济体越来越依赖国际贸易，国际贸易占世界 GDP 的 30%，而 20 年前这一比例仅为 20%[①]。这些全球交易所需的通用语言主体是英语。因此，并不奇怪为什么英语熟练程度与许多进出口相关指标之间存在很强的相关性，包括物流绩效、贸易文件和出货时间。

近年来，经营便利性与英语熟练程度之间的相关性更强。虽然企业家在国家或地方层面开展业务可能不需要英语，但越来越多的企业在国际上开展业务，作为全球供应链的一部分，作为最终产品的客户，或作为在国外拥有类似业务的竞争对手。

对于世界各地的经济体而言，更高的英语水平带来了显著的好处。英语知识与国内生产总值平均总收入和其他关键经济指标相关。对于发展中国家而言，从制造业向知识经济的转变需要公司具备强大的商务英语技能，才能在国际上进行合作。因此，商务英语熟练程度与贸易行业

---

① 资料来源：https：//www.ef.edu-"EF English Proficiency Index 2017"．

之间存在很强的相关性。

成人英语和一系列发展指标之间也存在着强烈的相互依赖关系，包括人类发展指数，该指数描述了一个国家发展水平的大体分类。英语与社会因素的相关性不仅仅是一种简单的因果关系。经济增长为英语学习提供了新的资源和激励，在许多情况下尤其是商务英语，这反过来又有助于推动经济进一步发展。

欧洲大陆代表了世界上任何地区的最高英语水平。世界主义和国际合作是当今欧洲的主要特征，今天的全球化世界要求这种合作以英语进行。

根据许多国际排名，包括欧洲顶级语言组织之一——EF 英语水平（EF English Proficiency），斯堪的纳维亚人是世界上英语最好的非英语母语人士。欧洲英语（非母语）最好的国家有一些关键特征。首先，在学校，从小学开始，他们将英语作为所有学生的必修外语。其次，所有年级的英语课都使用交际方法，而不是专注于语法教学。再次，许多大学专业和学位课程使用英语作为教学语言。最后，这些国家的公民旅行频率高于其他欧洲人，他们从工作场所和电视上对英语的接触中受益，因为在这些地区，英语节目鲜有字幕①。

英语水平高的国家有许多共同特征，而这使它们的邻国也能从中受益。例如，德国强调学校中用英语进行交流，但缺乏如斯堪的纳维亚国家所拥有的日常英语接触环境；虽然比利时和瑞士的学校拥有一系列英语高等教育学位课程，但英语的地位与其国家语言相比具有争议性；虽然葡萄牙的英语电视节目没有字幕，但大学里以英语授课的学位课程并不常见。

研究表明，与其他地区相比，欧洲国家的英语熟练程度更高，但并未日渐提高。在少数欧洲最大的经济体中，成人的英语水平仍然太低，无法在工作场所进行充分互动。法国、意大利和西班牙在公立学校教授实用英语沟通技巧的效率低，大多数大学中学位课程的英语教学效率低，且帮助成年人获得对其职业生涯有用的英语技能的效率也较低。缺

---

① 资料来源：https：//www.ef.edu-"EF English Proficiency Index 2017"．

乏日常英语环境是这些国家的主要障碍。因此，需要扩大接触范围，使成年人对英语交流更有信心。

位于欧洲边境的国家英语水平低得多，妨碍了整合和交流。例如，俄罗斯、土耳其和乌克兰的公民对英语的使用远少于立陶宛人、希腊人、保加利亚人和罗马尼亚人。反对全球化和促进当地语言的民族主义政治家的崛起威胁着各个层次学校的英语教学。在那些欧洲成员国停止忽视他们的英语水平之前，他们在与欧洲其他地方英语熟练的人竞争时仍然处于不利地位。

提高欧洲英语水平的举措通常包括改革公立学校系统的课程和评估系统。博洛尼亚进程和流行的伊拉斯谟学生交流计划成功地提高了大学生的学生流动性，促进了对学生进行的英语教育。虽然欧洲没有旨在提高商务英语水平的国家计划，但培训机构的语言培训课程很常见，个人可以通过利用许多公共计划来支付再培训课程的费用。

目前在波兰有 4348250 名学生将英语作为必修外语来学习，包括小学、初中、普通中学、技术和职业学校。2017 年，有 263136 名成年人在波兰学习英语作为必修语言。2017 年，波兰有 31906 名学生和 1186 名成年人在 1~12 年级学习英语作为额外的外语[①]。

根据年度 EF 英语水平指数（该指数按国家排列英语语言技能，显示国家成人英语水平与竞争力之间的关系），2017 年波兰在全球 80 个国家中排名第 11，在 27 个欧洲社区中排名第 9。

一、波兰商业英语

波兰 2004 年加入欧盟，为许多波兰人在国外大学学习或在国外寻

---

① 资料来源：General Statistical Office-http：//stat. gov. pl-"Oświata i wychowanie w roku szkolnym 2016/2017".

找工作提供了机会。语言技能在波兰境内外都很有用。除了专业知识和专业经验，波兰的雇主现在需要候选人掌握至少一门外语。在大多数情况下，英语是必需的。许多公司使用英语作为第一语言，对候选人进行的面试也是用英语进行的，在面试中会涉及对外语知识的考核。更好的外语知识意味着更大的晋升机会、更令人满意和更有吸引力的工作，以及更好的报酬。因此，投资语言技能对于波兰社会至关重要，使其可以从全球化的世界中充分受益。

可以在波兰知名语言学校参加的语言考试得到了世界各地大多数机构和公司的认可。对于雇主而言，这种语言认证系统是一种非常方便的工具，可以确认候选人的语言技能。许多公司投资于员工的专业培训和语言课程，从而获得证书，因为他们看到了拥有称职员工的好处。

波兰的中小学英语教育侧重于获得英语阅读、写作、口语和听力技能，学习语法和基本词汇，并通过当地考试及国际公认的共同语言考试（如 KET、PET、FCE、CAE）。

通常只有熟练掌握基础英语后，人们才会考虑参加商务英语课程。在大多数情况下，有兴趣在波兰学习商务英语的人包括：经济大学的学生、主修商业、营销、管理、国际关系的学生；跨国公司的员工和经理；与波兰境外合作伙伴（IT、BPO、进出口）开展业务的公司员工。

二、波兰商业英语认证体系

欧洲委员会提供了检验外语学习熟练程度的指南，发布在《欧洲语言共同参考框架：学习、教学、评估》（CEFR）中。六级 CEFR 量表不仅可以根据一个标准确定语言进步水平，还可以比较多种语言的考试。A1 和 A2 级别描述初学者的水平，B1 和 B2 级别描述独立学生，C1 和

C2 级别指向高级水平①。

剑桥证书

剑桥证书是世界上最知名的语言证书，其由剑桥大学颁发了近 100 年。英国文化协会负责在波兰进行剑桥证书考试，所提供的考试因难度而异（根据 CEFR 量表）。以下是所有剑桥证书的清单：

Starters（YLE Starters）

Movers（YLE Movers）

Flyers（YLE Flyers）

Key（KET）for Schools

Preliminary（PET）for Schools

First（FCE）for Schools

Key（KET）

Preliminary（PET）

First（FCE）

Advanced（CAE）

Proficiency（CPE）

目前波兰有三门剑桥商务英语考试：

• 初级商务（BEC 初级）

• 中级商务（BEC 中级）

• 高级商务（BEC 高级）

剑桥英语初级商务（BEC 初级）是剑桥英语系列中的第一个商务证书。该资格认证向雇主表明其持有者可以在实际的日常商务情景下用英语进行交流。它与剑桥英语初级（PET）相似，但专注于商务英语。其在欧洲普通框架中属于中级 B1 的资格水平。如果有人出于商业目的想提高英语水平，就应该参加这个考试。学习 BEC 初级课程将为英语

---

① 资料来源：Council of Europe-"Common European Framework of Reference for Languages：Learning，Teaching，Assessment（CEFR）"-https：//rm. coe. int/16802fc1bf.

技能人员在国际商务领域工作提供良好的基础。

成功通过考试后，人们可以进行简短的商务电话交谈、一般商务讨论，进行实际的商务实践，如采购或回答一般询盘、写简短的商业信函或电子邮件。

剑桥英语中级商务（BEC 中级）是剑桥英语系列中的第二个商业证书。该资格证明持有人可以在中高级 B2 的商业环境中用英语进行交流。

拥有 BEC 中级证书的员工应能够自信地在英语商务环境中工作，撰写和理解商务文档，进行演示并撰写简短的商业计划书。

剑桥英语高级商务（BEC 高级）是剑桥商务英语系列证书的最后一个认证考试。该资格证明持有者在具有 Advances C1 CEFR 等级的商业环境中，可以用英语自信地进行交流。获得 BEC 高级证书的人可以积极参与商务会议、表达意见和争论观点、理解商务报告、撰写详细的建议，并在非常苛刻的英语环境中也能自信地应对。

所有剑桥英语商务考试都包含阅读、写作、听力和与两位考官进行的口语对话。基于纸质考试的结果可在考试后的 4~6 周获得，机考的成绩在考试后两周可得①。波兰有 38 个被授权的剑桥评估英语考试中心，分别位于以下城市：

- 比亚韦斯托克（1）

- 别尔斯克—比亚瓦（1）

- 比得哥什（1）

- 琴斯托霍瓦（1）

- 艾尔布隆哥（1）

- 格但斯克（2）

- 格利维采（1）

- 卡利什（1）

---

① 资料来源：https：//www.britishcouncil.pl.

- 卡托维兹（2）

- 凯尔采（1）

- 克拉科夫（3）

- 罗兹（2）

- 卢布林（2）

- 马佐夫舍地区明斯克（1）

- 奥波莱（1）

- 奥尔什丁（1）

- 波兹南（2）

- 拉多姆（1）

- 热舒夫（1）

- 斯武普斯克（1）

- 什切青（1）

- 塔尔努夫（1）

- 托伦（1）

- 蒂黑（1）

- 华沙（4）

- 弗罗茨瓦夫[①]（3）

2018年1月27日发布的波兰考试费用如下（根据中国银行的汇率，人民币对波兰兹罗提是0.52）[②]：

- BEC 初级（纸质考试：￥703.00；机考：￥760.00）

- BEC 中级（纸质考试：￥1197.00；机考：￥1254.00）

- BEC 高级（纸质考试：￥1330.00；机考：￥1368.00）[③]

随着越来越多的跨国公司在波兰开设子公司，为响应它们的需求，

---

① 资料来源：Authorized Cambridge Assessment English Examination Centers in Poland-http：//www. cambridgeenglish. org/pl/centres/.

② 资料来源：https：//www. britishcouncil. pl.

③ 资料来源：Cambridge English Language Assessment Examinations Regulations 01. 09. 2017- 31. 01. 2018-www. britishcouncil. pl.

剑桥提供了 BULATS 考试。BULATS 考试是一种提供工作场所语言能力基准的在线工具，是一个多语言套餐，包括对工作场所语言技能的评估、培训和比较分析工具。BULATS 可用于商业行业的招聘，还可用于确定培训需求并在公司内进行适当的语言研讨会。BULATS 通过全球授权的代理商进行发布和管理，其价格取决于每家公司的需求。

LCCI IQ Polska 证书

伦敦工商会（LCCI）在波兰组织了多种类型的考试。其中最大的 EFB（商务英语）测试了在商业中使用英语的能力。该证书记录了在各种业务情况下进行精确沟通的能力。EFB 考试分为五个级别，由外部授权机构执行，包括大学、语言学校、商业中心等。

LCCI IQ Polska 提供种类繁多的证书，得到许多国际公司和外国大学的认可，其提供的证书种类如下：

通用英语

- JETSET

商务英语

- EFB——商务英语
- SEFIC——商业和行业英语口语

商务英语教师的考试

- FTBE——商务英语教师第一证书

专业考试——会计和簿记

- 簿记
- 簿记和会计
- 成本和管理会计
- 商业统计
- 金融会计
- 管理会计
- 成本会计

- 商业计算
- 会计和金融专业道德
- 应用商业经济学
- 电算化会计
- 伊斯兰金融和银行业

EFB 考试是英语考试，旨在测试在商业世界中使用英语的能力。EFB 是波兰所有 LCCI 考试中最受欢迎的。它是商业语言考试的创新专业成果，基于来自商业世界的真实材料和情景。

商务英语证书使学生在申请波兰许多大学中可豁免语言考试。它还可作为学生参加国际学生交流计划和申请波兰和国外的高要求工作的语言成绩参考。

有兴趣在波兰获取所选级别的 EFB 证书的考生可以参加三个全球考试系列中的一个，或者在任何一个 LCCI 国际资格认证考试中心进行申请。

除了对候选人的评估，证书还显示百分比和相应的 CEFR 语言熟练程度。所有英语种类（英国、北美、澳大利亚）均在商务英语考试中被接受，前提是候选人始终使用所选择的种类。每个级别，从初级到 4 级，都包含必需的阅读和写作，以及可选的口语和听力。

SEFIC（工商业英语口语）

- 由来自英国的 LCCI IQ 考官进行的口试。
- 根据候选人的要求，可在任何时间提供从初级到 4 级这 5 个级别的考试，最小规模为 10 人。
- 考查在实际商务情景下的口头沟通能力（谈判、所选问题的陈述、进行讨论）。
- 专注于商业术语的知识及就经济、贸易、运输、媒体、旅游等相关主题发表演讲的能力。
- 在即兴的对话中评估候选人的技能。

FTBE 适用于希望获得商务英语领域其他专业资格的合格英语教师。

FTBE 资格旨在扩展教师的技能，更好地理解商业实践、流程和管理程序。FTBE 为教师提供了向不断增长的人群教授英语所需要的技能，这些人在商业环境中寻求专业的英语使用。越来越多的波兰教师为了达到学生们对教师的认证资格的需求而选择获取 FTBE 证书，从而帮助职业晋升。

FTBE 考试向教师介绍英国和国际领先机构的商务英语材料的方法和知识。考试采用书面形式，持续 2.5 小时，可随时在 "LCCI 国际资格认证考试中心" 的 "请求" 程序中进行申请，考试成绩以百分比表示。

LCCI QI 行政区域的波兰考试中心共有 82 个（19 所大学、15 所 Profi-Lingua 语言学校和其他私人语言中心），所在地区如下：

- Pomorskie-7（3 所 Profi-Lingua、2 所大学）
- Zachodniopomorskie-3
- Warmińsko-mazurskie-1
- Podlasie-1
- Kuyavian-Pomeranian-3（1 所大学）
- Mazowieckie-20（5 所 Profi-Lingua、2 所大学）
- Wielkopolskie-4（1 所 Profi-Lingua、2 所大学）
- Lubuskie-2
- Dolnośląskie-8（1 所 Profi-Lingua、2 所大学）
- Łódzkie-3（1 所 Profi-Lingua）
- Świętokrzyskie-1
- Lubelskie-4（1 所 Profi-Lingua、2 所大学）
- Opolskie-1
- Śląskie-13（2 所 Profi-Lingua、1 所大学）
- Małopolskie-7（1 所 Profi-Lingua、2 所大学）
- Podkarpackie-4（1 所大学）

LCCI IQ 商业考试的平均费用可能会在考试中心之间略有不同。

2018 年 1 月 27 日发布的在波兰进行考试的费用如下（根据中国银行汇率，1 人民币 = 0.55 波兰兹罗提①）：

- 初级商业（BEC 初级）-（PLN 370）~ ￥711.00
- 中级商业（BEC 中级）-（PLN 620）~ ￥1192.00
- 高级商业（BEC 高级）-（PLN 690）~ ￥1327.00②

三、波兰商业英语教学中心

政府网站 www.prod.ceidg.gov.pl 上的数据显示，有 53266 家公司提供外语教学服务。研究显示，大约有 1200 个语言培训中心提供英语教育和英语考试培训③。其中有 600 家公司在波兰 17 个主要大城市开展业务，绝大多数语言中心提供英语课程。

四、波兰提供商务英语课程的机构

（1）大学，特别是提供商业、经济、管理、市场营销、会计、国际关系等专业的大学。波兰的大学通常都有语言部，授权提供数个等级的语言课程和考试，针对商务英语的通常是 LCCI 考试。每节课有 15~30 名学生。在与每个专业相关的课程中包括（免费）标准商务英语课程，除

---

① 资料来源：http://www.boc.cn/sourcedb/whpj/enindex.html.

② 平均费用来自波兰的 10 所语言培训中心（Lang LTS-2. British Council-2、Angloschool. WyŹsza Szkoła Finansów i Zarządzania、International House-2. NewCosmopolitan Examination Centre. Program Poznan）。

③ 资料来源：Central Registration And Information On Business-https://prod.ceidg.gov.pl-PKD 85.59. A search data.

此之外还为学生提供可选的英语课程，这些课程旨在为 LCCI 考试提供准备。这些课程的费用根据学校和语言等级有所不同（见表 15-1）。

表 15-1　波兰大学语言课程的平均费用

课程	等级	一门课的费用	秋季入学费用	冬季入学费用	春季入学费用	全年课程费用
EFB	B2/C1	（PLN 16） ￥31.00	（PLN 640） ￥1230.00	（PLN 640） ￥1230.00	（PLN 480） ￥923.00	（PLN 1760） ￥3385.00
SEFIC	C1/C2	（PLN 17） ￥33.00	（PLN 680） ￥1308.00	（PLN 680） ￥1308.00	（PLN 510） ￥981.00	（PLN 1870） ￥3596.00

注：该数据来自波兰几所提供商务英语课程的大学，包括 Wroclaw University of Economics、Cracow University of Economics、Poznan University of Economics、University of Economics in Katowice。

（2）特许经营语言学校。波兰最大的英语教学中心是 British School、Leader School、Akademia Językowa Open School、Profi-Lingua、Mobile English。语言学校连锁——英国文化协会、Empik School、Pearson（在线英语）、Językiświata、SJO Yes 及许多小的语言培训中心正不断进入市场。其中一些学校提供 LCCI/剑桥准备课程，有些还为公司提供商务英语实用课程。价格取决于客户选择的项目，可选一对一的课程及 5~15 人的团体课程。

语言学校的商务课程报价各不相同，从英国文化协会提供的 16 周课程（62 节课，每节 345 分钟）[1] 到 Profi-Lingua 提供的 112 节、每节 45 分钟的年度课程项目。课程价格约为 1800 兹罗提，相当于约 3460 元人民币[2]。

LCCI 考试是波兰最受欢迎的商务英语考试，4900 名 LCCI 学生中约

———————

① 资料来源：British Council-费用-https：//www.britishcouncil.pl/angielski/kursy/biznesowy.

② 资料来源：PROFI-LINGUA KRAKOW-费用-https：//www.profi-lingua.pl/wp-content/uploads/2017/12/Profi-Lingua-cennik_ Krakow_ 04.pdf.

有 70% 参加商务英语考试。

根据中央统计局和教育部公布的数据，以及自 MEN 上次公开调查以来英语普及率的预期增长，目前约有 790000 名学生参加私人语言中心提供的课程。其中 6%~8%（主要是有抱负的跨国公司员工和经理）学习商务英语课程并参加商务英语考试①。

另一组学习商务英语的人是大学生。在 2016/2017 学年②，波兰有 1348800 名大学生，其中 23.9% 的人学习商务和语言相关课程，这意味着在该学年有 322363 名学生参加了他们大学的商务英语课程。因此，大学成为波兰商务英语的主要教学中心。

大多数学习商务英语的波兰人居住在大城市（如华沙、克拉科夫、弗罗茨瓦夫、波兹南、卡托维兹、卢布林、格但斯克、格利维采、奥波莱），有机会接触国际环境。商业和 IT 相关领域 90% 的工作机会都需要对英语语言的掌握，包括基本的商务英语。波兰加入欧盟后，这种现象愈演愈烈。外国资本涌入市场，波兰出口增长了 130%，这对波兰人提出了更大的对商务英语沟通技能的掌握需求。波兰的商务英语人才的市场无疑正在增长，因此在未来几年，商业课程、商业语言考试和提供商务英语预备课程的公司数量将会增加。

---

① 数据基于教育部 2005 年"教育政策概况"报告和中央统计局关于"2016/2017 学年教育"的报告，根据预期的人口增长率和教育扩张估计的当前数据。

② 资料来源：中央统计局 2017 年报告"Polska w liczbach 2017"［EB/OL］. https：// stat. gov. pl.

第十六章　埃及商务英语教育发展

一、导论

埃及文化源远流长，是中东和非洲最早的文明国家。几千年来，埃及一直保持着一种独特、复杂且稳定的文化，对后来的欧洲文化有着深远影响。教育作为文化的表现形式，与文化有着密切联系。埃及教育也有着悠久的历史。经济全球化的今天，英语作为通用语在国际交流中扮演着重要角色。埃及作为一个旅游大国，对英语教育也非常重视。

二、埃及教育概论

埃及作为四大文明古国之一，拥有非洲最大的教育体系，自 20 世纪 90 年代初以来发展迅猛。近年来，埃及政府更加重视完善教育制度。教育发展是当今埃及社会进步的重要成就。1952 年七月革命前埃及近乎是一个文盲国家（毕健康和陈勇，2015），到 1972 年，埃及接受小学教育的人口比率增长了 234%，同期受过初中教育者的比率增长了 194%（'Abd al-Khāliq，1982）。小学净入学率从 1970 年的 63%上升到 1985

年的近 84%，2003 年升至 98%。高等教育的毛入学率增长迅猛，在 1970
年、1985 年和 2003 年分别为 6.9%、18.1% 和 32.6%。联合国教科文组织
公布的最新数据表明，埃及的识字率从 1975 年的 50% 上升到 2017 年的
80.8%。埃及的教育系统高度集中，分为基础教育（包括初级阶段和预备
阶段）、中等教育和高等教育。基础教育阶段是 4~14 岁，包含 2 年的幼
儿园、6 年的小学、3 年的预备学校；接着是 3 年的中学；然后是高等教
育。基础教育阶段是义务教育，政府部门下的任何学校都是免费的。

高等教育是社会经济发展的一个重要工具，随着经济全球化和知识
经济的发展，促进高等教育更好地为国家经济发展服务的一个主要策略
是不断地提升高等教育国际化水平。埃及的高等教育历史悠久，可以追
溯到公元 988 年，也就是公元 969 年爱资哈尔清真寺建成的十几年后。
爱资哈尔大学是法蒂玛家族创办的，被认为是世界上最古老的大学之
一，比博洛尼亚大学、牛津大学、剑桥大学要早 200 多年，是埃及伊斯
兰教古老高等学府。埃及的高等教育国际化特征在 18 世纪拿破仑入侵
时就已形成。作为有着悠久文化历史和特殊地理位置的国家，埃及高等
教育国际化呈现出广泛而深刻的发展趋势，这对其提升和稳固自己在阿
拉伯世界中的文化中心地位有重要作用（马青和卓泽林，2015）。

三、英语教育在埃及的发展

几个世纪以来，埃及一直由外国人统治。19 世纪 50 年代，随着欧洲
商人和传教士的涌入，加上苏伊士运河的开通，越来越多的外国教会学
校在埃及开办。直到 70 年代，英语作为一门外语在埃及的地位还很低。
80 年代，英国占领埃及后，英语在埃及的地位开始有所转变。虽然几十
年来，埃及贵族们依然青睐法语，但在英国占领埃及之后，英国的公立
学校开设了英语相关课程。世界大战期间，英国人大力扩大英语教学在

埃及学校的影响力，奖励那些在学校学习英语的人可以在政府服务部门工作。现今，英语在埃及有着重要的影响力。在埃及，许多公司的招聘广告中明确指出，申请人必须英语流利。在经济全球化的背景下，为谋求更好的工作，赚更多的钱，许多埃及人开始学英语。据位于开罗的美国大学（American University）就业咨询和就业服务办公室（Cairo's Career Advising and Placement Services，CAPS）的数据，在埃及，跨国招聘人员在寻找求职者时提到的首要标准是英语流利。由于旅游业是埃及硬通货收入的主要来源，为吸引广大旅游者和观光者，许多埃及人学习外语。

在大约 150 年的时间里，埃及人对英语的态度已经从"英国占领期间的一种必要罪恶"转变为"教育、经济和……社会流动的一种实用工具"。英语在埃及学校的地位已经从选修课变成了必修课。英语是目前埃及使用的主要外语，不仅在埃及的日常生活中被用作一种通用语言，而且在埃及网民的在线交流中也被广泛使用（Warschauer et al.，2002）。由于英语在埃及人的生活中扮演着重要的角色，它被作为一门核心学科教授给 1～12 年级的学生。英语在埃及学校的教学地位一直受到埃及政治和社会变革的影响。随着埃及民族化运动的蓬勃发展，为了给予埃及人的母语——阿拉伯语更多的关注，埃及学校在 1945 年取消了小学阶段的英语教学，家长不得不让孩子上私立学校。这些政策对埃及的英语教育质量产生了消极影响，导致小学英语教学一直被忽视，直到 20 世纪 90 年代初。目前，埃及 8% 的学生上私立学校（EIMeshad，2012）。这些学校并非埃及教育部所属，但由埃及教育部监管。这些学校从幼儿园起就为学生提供英语强化学习的课程。因此，埃及教育部采取一系列政策改革来完善公立学校的英语教育，政策包含：

第一，建立其他类型的学校（国立学校和实验学校），并提供强化英语教学。

第二，把英语教育引入小学。分两个阶段执行：①1993 年，在四年级和五年级增开英语课程（那时小学是五年制）；②2003 年，英语课程全面覆盖小学六个年级。

第三，在英语教师招聘和教育方面采取新政策及课程改革。20世纪90年代中期，埃及教育部开始不再招聘非英语专业毕业的大学生做英语老师，并在大学设立基础英语教育系。教育部开始更加重视招收英语教学专业的大学毕业生，而不是招收英语文学专业的毕业生，并开始聘任基础英语教育系的毕业生，让他们逐渐取代之前招聘的临时调任的非英语专业毕业的小学英语老师。从1993年开始，埃及教育部会定期派送老师去英国和美国进行为期3~6月的培训。2007年，教育部出台了一项新政策，要求招聘教师必须拥有英语教学资格证书。目前，埃及大多数被征聘的英语教师都符合这一教育资格要求；尚未取得该资格的，应当在任职满2年内取得该资格。1993年至今，小学英语课本历经了四次变革，变化包括课程内容和教学方法，教材更强调互动学习，增加了很多互动型指令语。根据埃及2003年颁布的教育部标准文件（MOE Standards Document 2003），学生必须会在社交中使用英语，与同学和老师用英语交流，用英语来娱乐。语言教学的重点是功能性的、交际性的英语。由于信息技术的发展，在2006年的修订版（MOE Standards Document 2006）中，又增加了对学习者的要求：

——学习者利用信息通信技术（ICT）来达到听力的学习效果

——学习者利用信息通信技术实现口语学习效果

——学习者在口语中练习更高层次的思维技巧

——学习者发展认知/元认知策略以促进阅读

——学习者在口语交际中使用简单的媒体资源

——学习者利用技术资源（互联网、电子词典、同义词典）来识别生词的意思

——学习者欣赏民族文化和目标文化的价值观、信仰和实践之间的异同

埃及英语教育重视实用性，强调语言的交际性。因此，埃及教育部也十分重视专门用途英语教育。埃及作为旅游大国，旅游英语发展十分迅速。在大多数游客或外籍人士经常光顾的地区，菜单通常都是双语的

或单独提供英文菜单。除此之外，埃及教育部专门开展学术英语项目
（English for Academic Purpose）发展专门用途英语（Holliday，1994）。
近年来，在"一带一路"的带动下，埃及在国际上的贸易往来越来越
频繁，商务英语在商务交际中扮演重要角色，受到埃及教育部的重视。

四、商务英语教育在埃及的发展

  随着全球化经济的发展，各国的日常经济贸易等方面也越来越重
要。近年来，英语教育在埃及发展迅速，商务英语教育在埃及也开始兴
起。根据 2013 年 GlobalEnglish 发布的商务英语指数（Business English
Index），埃及的指数为 4.73，位于基础阶段，在非洲国家中得分最高。
在根据劳动力规模排名前 30 位的国家的商务英语指数中，埃及排名第
21 位，总排名是第 41 位（见本章附录）。通过检索埃及相关商务英语
课程和项目，查询埃及各高校开设的英语类相关课程，笔者发现，就目
前来说，在埃及还没有开设商务英语专业，但有商务英语相关的课程。
总结得出，埃及商务英语教育主要分为三种形式：

  （1）国际商务往来频繁的今天，一些培训机构为满足人们的工作
需求开设商务英语相关课程，分为线上课程和线下课程。根据 Laimoon
网站统计的埃及商务英语课程，开罗一共开设 31 门商务英语相关课程，
主要分为三类，内容如表 16-1 所示。

表 16-1　埃及商务英语课程

商务英语写作	1. 商务英语邮件写作 2. 商务英语句子结构 3. 商务英语词汇、短语
商务英语阅读	1. 商务热点话题阅读 2. 商务英语习语

商务英语交际	1. 商务英语与沟通 2. 商务会议实用英语短语 3. 商务英语口语

除此之外，还有商务英语教学和针对不同群体的需求开设的商务英语课程，如服务人员所需的商务英语等。综合来看，埃及的线上商务英语课程比较基础，涉及写作、阅读和交际，但是内容不够丰富，应增加一些商务知识训练、商务谈判和跨文化沟通等实用性课程。在所有课程中，没有开设商务英语听力课。

（2）美国和英国在埃及开设的商务英语课程。由于历史原因，埃及几个世纪以来受到外国人统治。为了满足埃及人的需求和更好地进行商务合作，英美在埃及当地开设了相关商务英语课程。英国在埃及建的大学——社区及咨询服务中心（Centre for Community & Consulting Services "The British University in Egypt"）就开设有商务英语，开设的课程包括商务语言和风格、商务阅读与理解、商务相关词汇、基础语法、商业环境中的口语、商务写作技巧、商务案例分析、销售与谈判、处理商务问题。最终的学习目标是：①撰写简洁、结构化的业务文档；②调整语言以提高说服力和影响力；③撰写有效的商务信函；④撰写专业的电子邮件和报告；⑤在工作中运用表达和沟通技巧。

埃及美国商会认为公司每年都要花费大量的金钱、时间和精力来纠正由于糟糕的写作而导致的错误。因此，商会在埃及开设商务英语写作工作坊，课程包含常见写作陷阱、写作过程、写作过程规划、写作思路、撰写初稿、初稿校对、商务信函的构成和格式、商务传真、商务邮件的构成和格式、商务报告的构成，并通过游戏、写作活动和案例应用之前所学的课程。课程学习结束后，公司可以达到以下几个目标：①写作更加专业规范；②了解不同商业文件的写作标准；③通过书面沟通可以展现公司的专业精神和标准；④提高工作效率，节省资源。

通过分析上述课程，我们发现相较于之前的线上课程，英国在埃及开设的商务英语相关课程的内容更加丰富和实用，增加了商务谈判、商务案例分析和如何应对商务问题，涉及各类商务文体，课程更加系统，教学方法也非常灵活。美国开设的商务英语写作工作坊涉及常用商业文体，由浅到深，从写作架构、思路到稿件的校对，用案例分析和角色扮演，更方便学生学习，让学生印象更深刻。

（3）通过查看埃及教育部发布的文件，检索各大学开设的专业，笔者发现，虽然埃及目前还没有开设商务英语专业，但是却有商务英语相关课程。这些课程大多依附于商管学院，开设的课程大多是跨文化沟通、商务谈判等偏商务与文化的课程，很少涉及商务语言。比如，埃及未来大学的经济与政治科学学院就为国际经济专业的学生开设了跨文化理论和跨文化谈判专业。除此之外，由于埃及旅游业十分发达，为更好地与国际接轨，发展旅游业，埃及专门开设有旅游英语专业。旅游英语作为一种专门用途英语受到埃及教育部的重视。因此，埃及的一些大学设有专门用途英语中心，在这个中心下会设有商务英语方向。曼苏尔大学是埃及最早设立专门用途英语中心的大学，是 1991 年 6 月 5 日经埃及最高理事会批准成立的一个独立单位。该中心开设了各式的英语课程来满足不同群体对英语的需求，其中有普通英语、法律英语、商务英语、银行英语、数学英语、计算机辅助英语学习、旅游英语、托福雅思培训等。其中，商务英语是针对商务人士的工作需求开设的，学时为 30 小时，分为三个等级。该中心将银行英语从商务英语中单独抽出，针对银行国际结算中所需英语来设计课程，学时为 90 小时，分为三个等级。

在埃及招聘网 WUZZUF 上检索商务英语教师相关招聘信息，对老师的要求如下：①能同时教授普通英语和商务英语课程者优先；②担任商务英语教师至少 4~7 年；③了解当前语言教学方法的发展趋势；④有良好的英语口头和书面能力；⑤有教育教学能力；⑥说一口地道的口语；⑦能运用不同的教学方法来教育学生；⑧有创新能力。

与普通英语老师招聘要求相比，商务英语教师的招聘条件只是多了一条"能教商务英语课程者优先"。除此之外，对专业背景没有多余的要求。

五、埃及商务英语教育发展趋势与前景展望

由一开始的受殖民影响不得不学英语，到后来的埃及民族化运动对英语的忽视，再到现在英语作为一门必修课从小学开始学习。历经了起起落落，英语越来越受到埃及教育部的重视。与此同时，随着通用英语教育得到重视，专门用途英语教育在埃及蔚然兴起。商务英语作为其中一个分支也像一颗新星在冉冉升起。通过前文我们可以看出，埃及商务英语还处于起步阶段，目前在埃及还没有形成专业，只是一些培训类项目或培训课程。并且课程设计相对来说比较单一常规，一般都涉及商务英语写作、阅读，现有听力。通过查阅埃及商务英语的相关课程，笔者发现埃及更重视商务英语写作培训。相较之下，英美国家在埃及开设的商务英语课程内容比较丰富实用、教学方式新颖灵活，非常值得埃及乃至其他国家借鉴。埃及的商务英语教育在非洲一直遥遥领先。由于历史原因，英美国家在埃及开设商务英语相关课程，这是埃及独有的特色。在贸易全球化的今天，商务英语教育的发展对国际贸易往来、提高工作效率都有极大的促进作用。埃及有着悠久的历史、众多的名胜古迹，同时又作为非洲的第三大经济体，同120多个国家和地区有贸易关系。因此，商务英语在埃及有着很好的发展前景。目前，埃及各高校的英语专业还是以英美文学、语言学为主，还未开设商务英语专业。但是，各公司和商务人士已经认识到了工作中由于商务英语相关知识的欠缺而出现的问题，并且许多培训机构也已经开设了商务英语相关课程。市场的需求会促使埃及商务英语教育飞速发展。

六、结语

埃及作为四大文明古国之一，拥有世界上最古老的大学，其教育有

着悠久的历史。埃及教育部也一直不断地完善英语教育政策，加大经费投入，提高教师待遇，对英语教师的招聘严格把控，并定期送英语老师出国培训。随着国际贸易的不断发展，商务英语逐渐受到重视。在"一带一路"的带动下，埃及与中国乃至世界的合作会越来越频繁。相信埃及一定会兼收并蓄、积极学习其他国家商务英语教育方式，取长补短，让商务英语在埃及蓬勃发展。

附录

Business English Index 2013

Business English Index for Top 30 Countries by Size of Labor Force

COUNTRY	BEI	COUNTRY	BEI	COUNTRY	BEI
1. CHINA	5.03	11. MEXICO	3.14	21. EGYPT	4.74
2. INDIA	6.32	12. VIETNAM	4.61	22. TURKEY	3.30
3. UNITED STATES	5.23	13. GERMANY	5.12	23. IRAN	4.65
4. INDONESIA	5.57	14. PHILIPPINES	7.95	24. SOUTH KOREA	5.28
5. BRAZIL	3.27	15. THAILAND	4.62	25. ITALY	5.10
6. BANGLADESH		16. ETHIOPIA	*	26. TANZANIA	*
7. RUSSIA	3.95	17. CONGO	3.96	27. SPAIN	4.43
8. JAPAN	4.29	18. BURMA	*	28. UKRAINE	4.00
9. PAKISTAN		19. UK	6.81	29. COLOMBIA	3.05
10. NIGERIA	*	20. FRANCE	5.18	30. CANADA	5.71

2013 BEI Summary of Results by Country

COUNTRY	BEI	COUNTRY	BEI	COUNTRY	BEI	COUNTRY	BEI
HONDURAS	2.92	UKRAINE	4.00	IRAN	4.85	INDONESIA	5.57
COLOMBIA	3.05	PANAMA	4.08	BELARUS	4.91	CANADA	5.71
MEXICO	3.14	COSTA RICA	4.09	ARGENTINA	4.92	ROMANIA	5.72
SAUDI ARABIA	3.14	IRAQ	4.10	CHINA	5.03	MADAGASCAR	5.73
CHILE	3.24	KAZAKHSTAN	4.16	UAE	5.03	MALAYSIA	5.84
EL SALVADOR	3.24	MOZAMBIQUE	4.16	URUGUAY	5.03	SLOVENIA	5.88
BRAZIL	3.27	TUNISIA	4.20	TAIWAN	5.08	BULGARIA	6.08
TURKEY	3.30	JAPAN	4.29	ITALY	5.10	SINGAPORE	6.28
VENEZUELA	3.39	SPAIN	4.43	GERMANY	5.12	INDIA	6.32
YEMEN	3.47	ANGOLA	4.49	FRANCE	5.18	SWEDEN	6.33
SENEGAL	3.74	ALGERIA	4.54	POLAND	5.19	FINLAND	6.39
ECUADOR	3.77	OMAN	4.54	HUNGARY	5.22	BELGIUM	6.45
CÔTE D'IVOIRE	3.80	GUATEMALA	4.59	AUSTRIA	5.23	AUSTRALIA	6.78
SUDAN	3.80	VIETNAM	4.61	UNITED STATES	5.23	UNITED KINGDOM	6.81
AZERBAIJAN	3.83	THAILAND	4.62	SOUTH KOREA	5.28	NETHERLANDS	7.03
PERU	3.88	PUERTO RICO	4.72	ISRAEL	5.37	NORWAY	7.06
BOLIVIA	3.92	EGYPT	4.74	HONG KONG	5.39	PHILIPPINES	7.95
RUSSIA	3.95	ARMENIA	4.79	DENMARK	5.43		
CONGO	3.96	CZECH REPUBLIC	4.82	PORTUGAL	5.47		
MOROCCO	3.98	SLOVAKIA	4.83	SWITZERLAND	5.51		

参考文献

［1］Abd al-Khāliq, J. & Tignor, R. L.（Eds.）. The Political Econo-my of Income Distribution in Egypt（Vol. 3）［M］. Holmes & Meier Pub，1982.

［2］ElMeshad, S. Egypt's School System：Taking a Look at Schools, Their Curricula, and Accreditation［N］. Egypt Independent Newspaper，5th October Issue，2012.

［3］Egyptian Ministry of Education. Egyptian Standards of Education ［M］. Cairo：Al-Ahram Publishing House，2003.

［4］Egyptian Ministry of Education. Egyptian Standards of Education ［M］. Cairo：Al-Ahram Publishing House，2006.

［5］Holliday, A. Appropriate Methodology and Social Context［M］. Cambridge：CUP，1994.

［6］Warschauer, M., El Said, G. R. & Zohry, A. Language Choice Online：Globalization and Identity in Egypt［J］. Journal of Computer-Media-ted Communication，2002，7（4）.

［7］毕健康，陈勇. 当代埃及教育发展与社会流动问题评析［J］. 西亚非洲，2015（5）.

［8］马青，卓泽林. 埃及高等教育国际化：原因，路径及特点［J］. 中国人民大学教育学刊，2015（3）：120-131.

第十七章　智利商务英语教育发展

一、导论

随着经济全球化的深入和经济格局的更加开放，英语作为国际通用语的作用愈加重要，各国对既懂商务知识又具备一定英语能力的复合型人才的需求也在逐年增长。在拉美国家中，智利有着最开放、最与市场接轨的经济，是拉美教育水平最高的国家之一，私立教育非常发达。在拉美地区，智利高等教育代表着拉美高等教育的先进水平，各项发展指标在拉美地区均居领先地位。本章首先回顾了智利商务英语发展的历史，其次系统地论述了当前智利商务英语教育的总体情况，最后试图对其未来走向做出分析与预测，旨在为研究拉美地区的商务英语教育发展状况提供借鉴意义。

二、智利教育发展概况

智利是拉美教育水平最高的国家之一，教育包括四个阶段：学前教育或幼儿园、基础教育、中学教育和高等教育。在智利，学前教育是选择性的，政府不强制干预，而基础教育和中等教育是强制性的义务教育，总共 12 年。高等教育则根据学生的意愿和高考成绩来选择继续学习或者开始工作。智利学校每学年开设两个学期，第一学期从 3 月初开始到 7 月中旬，第二学期从 8 月初到 11 月底或者 12 月初，一年大概有两周的寒假和两个半月的暑假。

学前教育主要针对 3~5 岁的儿童，儿童是否接受学前教育由其家长决定。智利初等教育属于政府的强制性义务教育，长达 8 年，学生一般从 6 岁开始上小学，分为八个年级。中等教育指四年中学，也是强制性义务教育。中等学校分为两种：一种是科学—人文学校，即普通中学，学生毕业后绝大部分报考大学；另一种是技术—职业学校，分工业、商业、技术和农业等门类，从这类学校毕业的学生既可以参加工作，也可以升大学。

公立中学提供的基础教育均是免费的，但是由于教育的私有化，智利的教育质量两极分化非常严重。整体来讲，公立学校的教育资源如教学设备、师资力量等都非常匮乏。

智利高等教育系统由大学、职业学校和技术培训中心三部分组成。智利高等教育的质量在拉美地区也处于前列。在 QS2018 拉丁美洲大学最新排名中，智利天主教大学（Pontificia Universidad Católica de Chile）位居榜首，智利大学（Universidad de Chile）排名前十，还有其他七所大学也跻身拉丁美洲前 50。目前大学主要的招生方法还是每年一次的全国统一考生考试（PSU）。其中，大学又分为公立大学和私立大学。私立大学和专业学院在建校 6~11 年后，要接受高等教育协会（Higher Education Council）的考核，通过考核者可以获得自治权，没有通过考核者就面临着倒闭的危险。技术培训中心的设置受教育部的管理，一旦达到法律规定的要求，就可以由教育部授予自治权利（教育部墨西哥、智利高等教育考察团，2009）。

三、智利商务英语教育发展总论

作为拉美地区经济增速最快的经济体之一，智利的商业环境也遥遥领先于其他拉美国家。智利经济在很大程度上依赖对外贸易，率先提出"地区开放主义"。2003 年，它成为第一个与美国签署自由贸易协定的南美国家。英语是国际经济文化交流的主要语言，对于出口型经济导向的智利也不例外。智利对英语有强劲的需求，主要是因为专业人员、学者和技术人员需要用英语为其日益国际化的行业提供服务。在这种背景下，学习英语自然而然成为一项对个人和国家都有益的活动（Rohter，2004）。从 1973 年起，智利率先在发展战略上进行调整，主张建立自由市场经济，实行全面对外开放，由过去的政府主导转向市场主导、由进口替代工业化战略转向出口导向外向型发展战略。20 世纪 90 年代，自由的经济政策和稳定的政治环境使智利经济迅速发展，从事国际商务活动的智利人越来越多，英语在商贸活动中的作用不断突出。于是，一批既懂商务管理知识又具备一定英语技能的复合型人才备受跨国公司的青睐。目前，智利仍是全球最具吸引力的经商国和活跃的投资目的地之一。同时，最近 20 年智利政府也大力助推智利中小型企业"走出去"，如智利政府和银行支持企业客户参加各类贸易促进活动和出口业务培训等，共同推动本国中小微企业国际化步伐。而智利在经济"引进来"和"走出去"的过程中，不可避免地涉及国际商务交流，而这就需要加强语言的作用及增添跨文化商务交流相关的课程（Beadle，2001）。

英语水平是影响就业前景的重要因素，因此，智利的大学都提供英语培训课程。由于智利私立教育比较发达，导致进校大学生的英语水平参差不齐，来自私立中学学生的英语水平普遍高于来自公立高中学生的英语水平。在进入大学后各个专业的学生都要进行英语等级考试，根据考试成绩分为一到六级，一级水平最低，相当于零基础，六级最高，其英语水平应该相当于中国国内的三、四级英语水平（张婕，2013）。众所周知，拉丁美洲曾吸引了来自世界各地的大量移民，特别是南美地区曾有许多欧洲移民定居，于是现在南美地区的很多居民是欧洲移民的后代。Hamel（2013）认为，在包括智利在内的拉美地区的公众教育中提供多种外语（包括英语、法语、德语、意大利语等）的原因跟当地人种构成有关。他特别强调了官方对提供英语教育的解释是考虑到全球商业的重要性。由于英美的全球影响力，英语在 20 世纪取代法语占据了拉美地区多语种教育的控制地位（Hamel，2003）。

自 1980 年改革以来，智利商界一直积极参与教育事业的管理，为劳动力就业提供专门培训（Carlson，2002）。不仅如此，为了使教育成为国民经济发展的中流砥柱，更好地迎接经济全球化的挑战，智利商界于 2005 年和教育部共同成立"咨询商务理事会"（Consultative Business Council）。该理事会在"Education and Business：Agenda for Growth Ⅱ"的框架内实施多项教育举措，其中包括提高职业英语知识和技能。例如，负责商业服务的 CORFO（Corporación de Fomento de la Producción）公司充当了拥有英语技能的专业人才和外国雇佣公司的媒介，该公司网站会将个人的英语水平划分为四个等级便于用人单位甄选人才。英国文化教育协会（British Council）调查发现，大约 30% 的调查企业为员工提供职业英语培训机会。大部分的雇主认为英语能力对于管理层的职员非常重要，而 48% 的雇主则认为英语水平是职员需要掌握的一项基本技能（British Council，2015）。

四、智利商务英语教育政策概况

智利是拉美新自由主义经济改革的先锋与典范。它不但在经济改革上奉行新自由主义的政策，而且教育的改革与发展也深受其影响（袁长青，2008）。智利政府采取的一系列外语改革措施，促进了商务英语的发展。自20世纪90年代起，智利高等教育进入快速发展期，国际化逐渐成为高校发展的内在要求。为了促进高等教育的现代化并改进高等教育的质量，1997年，智利教育部把国际化列为高等教育政策框架的四个主要战略之一。从此，智利国际学生的数量在过去20年间不断增长。一些学校设计实施了高质量、多类型的教育项目和多学科领域的短期访学项目，例如跨文化的教育项目来满足外国学生的多元需求（卡洛斯·拉米雷斯·桑切斯，2011）。同时，尽管智利教育部是高等教育的管理者，但政府其他部门也承担了部分职责。外交部国际合作署（Agencía de Cooperación Internacional de Chile，AGCI）负责确定符合智利国家发展方向的国际合作重点项目，并为这些项目提供资金支持，其中包括为在智利学习的留学生和赴国外学习的智利学生提供奖学金及技术和职业培训（冯烁，2016）。

过去，智利的英语教育仅限于在私立学校接受教育的精英阶层。为了扩大英语教育的范围，促进教育的公平，智利教育部在1998年进行了外语教育改革，其中英语为改革的重点对象，"掌握英语知识应是一门促进国际交流、获取信息、参与信息网络和进行商业交流的一项基本技能"。改革大纲规定，英语课程的设置是听读各占40%，说写共占20%。而这样设置的原因在于更好地参与全球经济治理，共享全球信息网络的便利（Mckay，2003）。作为联合国开发计划署（UNDP）协议的一部分，鉴于当时智利已与美国、加拿大、欧盟和韩国签订了自由贸易协议，智利教育部于2003年发起了"英语打开国门计划"（English Opens Doors Programme），该计划在小学五年级学生中开始得到实施，争取在高中毕业时学生英语达到欧洲语言共同框架的B1水平，但实际上也涵盖了高等教育的英语教学。这个项目最初打算实行到2012年，后来实施时间得到延长。这项英语政策的主要目的是提高智利的英语教学和学习水平并达到国际标准，同时使公立学校的学生也享有英语学习的机会从而促进教育的公平（Matear，2008）。在其他拉美国家，强制性地要求全民学英语必然会招致抵制，担心这将损害国家主权与文化特质。因此，教育部也尝试英语教学的本土化，融入本民族文化特色来开发自己的英语课程和教材，例如"Go For Chile"就是基于智利人的语言使用场景和体验。虽然这次计划主要针对年轻学生，但是智利政府同时希望把成人也纳入进来，鼓励公司为雇员提供英语课程并提供相关的免税措施。

五、智利商务英语教育项目概况

智利的商务英语项目主要分布在高等院校、私立语言中心和英美教育文化组织，而这三者在教学的侧重点和教学方式上也具有显著差异。

智利的公立大学没有专门开设商务英语专业，与英语相关的专业基本为英语语言文学专业（Licenciatura en Lingüística y Literatura Inglesas）或者英语教学专业（Pedagogía en Inglés），但在英语专业的课程设置上融入了一些商务英语的元素。例如，智利大学、智利天主教大学在英语语言文学专业的课程设计上专门开设了跨文化交际的专业课，增强学生的跨文化交流能力。不仅如此，在本科、研究生阶段还设置了话语与语用学（Discurso y Pragmática）、多模态交际（Comunicación multimodal）等应用语言学课程，培养学生的语言分析和语用能力。此外，康塞普西翁大学（Universidad de Concepción）、瓦尔帕莱索天主教大学（Pontificia Universidad Católica de Valparaíso）等大学在英语教学专业中设有包括商务英语在内的职业英语写作的必修课，以此更好地适应职场的需要。综合来看，智利大部分大学都将商务英语的理念贯穿于商科专业的课程设置中。在课程设置上，除开设传统的商务课程如微观经济学、宏观经济学、营销学、会计学外，一直将英语课程如交际英语从第一学年持续到第三、第四学年（智利的大学学年一般为五年），目的在于培养全球化背景下的商务复合型人才。

有一些语言培训机构除提供传统的英语课程培训外，还专门迎合智利的市场需要提供商务英语培训。例如，位于首都圣地亚哥的 Business English Advisory 一直以来为当地的民族企业和跨国公司提供商务英语培训。这家机构在商务英语方面开有如下课程：Cursos de Inglés de Negocios（商务英语课程）、Cursos de Inglés de Estudios de Casos de Negocio（商务案例学习课程）。所有课程均根据欧洲语言共同框架（CEFR）分为六个等级水平：A1、A2、B1、B2、C1、C2。为保证课程完成的质量，每个小组里最多有五名学员。每门课程都会根据具体课程的特点和学生的需求分析来选定合适的教材。商务英语课程的教材均来自剑桥出版社书库或者由特定学术机构编写的专业教材，课程评价方式主要以展示汇报、商务案例分析和商务模拟谈判为主。同时，教授商务英语相关课程的老师均兼有商务背景和语言知识能力。此外，一些全球连锁的语言机构如 Bridge English（布里奇英语）、Wallstreet English（华尔街英语）在智利也提供商务英语课程。Bridge English Center 设有单独的 Bridge Business English Institute 提供商务英语培训课程。课程的针对人群为 20~50 岁想提高英语能力的商务人士，同时必须具备 Level 4 的英语水平。针对不同需求的学生设有不同的商务英语体验课程，如英语浸入学习、小组学习等，目的主要是锻炼学生商务情境下的语言交际能力。同时，Bridge English Center 还会和一些公司合作，不定期地到公司给公司员工提供商务英语培训。华尔街英语教学资源主要包括 Market Leader、For Today 及 Financial Times。课程安排方式比较灵活，既可选择网上学习，也可以在公司里体验课程。课程教学的主题主要涵盖 Buying and Selling（买卖）、Managing People（管理员工）、Ethics（商业伦理）、Mergers and Acquisitions（兼并收购）、Telephone Skills（电话技巧）、Interview Skills（面试技巧）、Presentation Skills（展示技能）、Negotiation（商务谈判）等商务相关活动。

此外，英美的文化教育组织在智利的商务英语发展中也发挥了重要的作用。例如，美国驻智利大使馆的英语语言项目部（The Office of English Language Programs）也在当地提供丰富多彩的英语课程，其中包括电子教师奖学金项目（"E-teacher" Scholarship Program）。这项计划通过远程教育提供最新的美国英语教学方法来培训外国英语专业人员。课程设计包括专门用途英语（ESP）研究。英国文化教育协会（British Council）在智利提供商务英语网上在线课（curso de inglés de negocios en línea con clases en vivo）。根据学生的英语水平设有若干等级的短期（4个月）商务英语课程，教学内容主要包括商务会议、展示汇报、商务日常交流、求职面试等英语技能，旨在提高学习者的商务英语运用能力。

六、智利商务英语教育发展趋势

在系统回顾了智利商务英语教育的现状和特点后，本章将对其未来走向进行简单的分析。目前，民间的语言中心、英美文化教育组织和高等院校在智利的商务英语教育上相互补充、共同发展，这是市场导向的结果。这些培训中心大多数是英美语言机构的分支，教学方法也以英美教学方式为主。这些机构开设商务英语课程的培训对象主要是职场人士。英美教育文化组织如 British Council 在商务英语课程设置上和上述的私立语言中心也大同小异，而智利的高等院校的英语教育几乎贯穿于整个大学学习阶段，也促进了商务英语的发展。未来智利的商务英语教育将结合智利的经济发展特点注重多种类型商务复合型人才的培养，同时随着英语师资队伍的壮大，更多的商务英语教师也将被分化出来，为商务英语教育的完善提供智力支持。

七、结语

智利的商务英语教育已经取得了一定的进展。越来越多的智利人意识到英语学习的重要性，同时也享受到英语带来的好处。提高国民的英语水平也成为智利政府教育改革的重点，"英语打开国门计划"在一定程度上不仅促进了教育的公平，同时也充实了智利英语相关学科的发展，但也应该看到现存的挑战。首先，师资建设，包括商务英语教师的不足及缺乏培训仍是阻碍商务英语发展的主要因素，其次，智利教育的社会经济分层化导致教育不公平现象仍很严重，英语能力突出者往往为家庭环境优越、从小接受过私立学校英语培训的学生。独特的地理环境使智利形成了若干个隔离的社区，这也阻碍了英语教育的普及化。目前，智利商务英语的发展虽不太成熟，但处于快速发展阶段，蕴含着巨大的机会。智利在吸引外资上具有极大的竞争优势，并且一直深化经济改革，致力于与国际接轨，这就需要培养更多高层次复合型国际商务人才。只有认识到这些并存的挑战和机会才能给智利的商务英语发展注入新的活力。

参考文献

［1］Ann, M. English Language Learning and Education Policy in Chile：Can English Really Open Doors for All? ［J］. Asia Pacific Journal of Education, 2008, 28（2）：131-147.

［2］Beadle, M. Communication in International Business Education ［J］. Journal of Teaching in International Business, 2001, 12（3）：71-85.

［3］British Council, Education Intelligence. English in Chile：An Examination of Policy, Perceptions and Influencing Factors〔EB/OL〕. https：//ei. britishcouncil. org/sites/default/files/latin‒america‒research/English%20in%20Chile. pdf，2015：1-66.

〔4〕Carlson, B. Educación y Mercado de Trabajo en América Latina：¿Qué nos Dicen las Cifras?〔J〕. CEPAL, 2002.

〔5〕Hamel, R. Language Policy and Ideology in Latin America〔M〕. The Oxford Handbook of Socio Linguistics, Oxford：Oxford University Press，2013：609-628.

〔6〕Matear A. English Language Learning and Education Policyin Chile：Can Emglish Really Open Doors for All?〔J〕. Asia Pacifi Journal of Education，2008（28）：131-147.

〔7〕Mckay, S. Teaching English as an International Language：The Chilean Context〔J〕. English Language Teaching Journal，2003，57（2）：139.

〔8〕Rohter, L. Learn English, Says Chile, Thinking Upwardly Global〔EB/OL〕. http：//nytimes. com，2004.

〔9〕冯烁. 智利高等教育国际化的特点与经验〔J〕. 开封教育学院学报，2016，36（5）：113-116.

〔10〕教育部墨西哥，智利高等教育考察团. 墨西哥、智利私立高等教育发展考察报告〔J〕. 浙江树人大学学报，2009，9（3）：21-25.

〔11〕卡洛斯·拉米雷斯·桑切斯. 智利高等教育的国际化〔A〕//汉斯·德维特等编，李锋亮，石邦宏，陈彬莉译. 拉丁美洲的高等教育：国际化的维度〔M〕. 北京：教育科学出版社，2011：137-160.

〔12〕王捷. 中国与智利大学英语教学比较与分析〔J〕. 海外英语，2013（16）：108-110.

〔13〕袁长青. 智利高等教育改革及其对中国的启示〔J〕. 外国教育研究，2008（11）：48-52.